Andi Seiler
Typenkompass Kawasaki
Motorräder seit 1965

Andi Seiler

Typenkompass

KAWASAKI
Motorräder seit 1965

Motorbuch Verlag

Einbandgestaltung: Katja Draenert

Fotos: Archiv Kawasaki; Winni Scheibe

Eine Haftung des Autors oder des Verlages und seiner Beauftragten für Personen-, Sach- und Vermögensschäden ist ausgeschlossen.

ISBN 3-613-02273-6

Copyright © by Motorbuch Verlag, Postfach 103743, 70032 Stuttgart.
Ein Unternehmen der Paul Pietsch Verlage GmbH + Co.

2. Auflage 2003

Nachdruck, auch einzelner Teile, ist verboten. Das Urheberrecht und sämtliche weiteren Rechte sind dem Verlag vorbehalten. Übersetzung, Speicherung, Vervielfältigung und Verbreitung einschließlich Übernahme auf elektronische Datenträger wie CD-Rom, Bildplatte usw. sowie Einspeicherung in elektronische Medien wie Bildschirmtext, Internet usw. ist ohne vorherige schriftliche Genehmigung des Verlages unzulässig und strafbar.

Innengestaltung: Wolfgang Vogel
Reproduktion: digi bild reinhardt, 73037 Göppingen
Druck: Henkel, 70435 Stuttgart
Bindung: Nething, 73235 Weilheim/Teck
Printed in Germany

Inhalt

Einführung _____ 8

Anmerkungen zu den Modellreihen _____ 10

Der erste eigene Viertakt-Zweizylinder
650 W1, W1 S, W2 SS, W2 TT _____ 16

Die schnellen Zweitakt-Zwei- und Dreizylinder
250 A1 Samurai _____ 17
350 A7 Avenger _____ 18
250 S1 Mach I/KH 250/
350 S2 Mach II _____ 19
400 S3/KH 400 _____ 20
500 H1 Mach III/KH 500 _____ 21
750 H2 Mach IV _____ 22

Die robusten Zweitakt-Einzylinder
KM 100 _____ 23
KH 125 _____ 24
KS 125/KE 125/KE 175 _____ 25

Die großen luftgekühlten Vierzylinder
900 Z 1 _____ 26
Z 1000 _____ 27
Z 1000 Z 1-R _____ 28
Z 1000 MK II _____ 29
Z 1000 ST _____ 30
Z 1000 FI _____ 31
GPZ 1100 (Z 1100 GP B1, 1981,
Z 1100 GP B2, 1982) _____ 32
GPZ 1100 (ZX 1100 A, 1983) _____ 33
Z 1100 ST _____ 34
Z 1000 J _____ 35
Z 1000 R _____ 36
Z 1000 LTD _____ 37

Der gewaltige Sechszylinder
Z 1300 _____ 38

Die robusten Parallel-Zweizylinder
Z 400 _____ 39
Z 440 _____ 40
Z 440 LTD _____ 41

Z 750 (B, 1976/1977) _____ 42
Z 750 LTD (Z 750 Y1, 1982)/Belt Drive _____ 43

Die flotten Mittelklasse-Vierzylinder
Z 650 (B/C 1976/1978) _____ 44
Z 650 LTD (Cup) _____ 45
Z 650 SR _____ 46
Z 650 F _____ 47
Z 750 E/L _____ 48
Z 750 LTD (E-H, 1980) _____ 49
GPZ 750 (R1, 1981) _____ 50
Z 750 GT _____ 51
GPZ 750 (ZX 750 A, 1983) _____ 52
Z 750 Turbo (1983) _____ 53

Die sportlichen kleinen Vierzylinder
Z 500 _____ 54
Z 550 LTD _____ 55
Z 550 _____ 56
GPZ 550 (D, 1980/81) _____ 57
GPZ 550 (H, 1982) _____ 58
Z 550 F _____ 59
Z 550 GT _____ 60
GPZ 550 (ZX 550 A, 1984) _____ 61
Z 400 F (KZ 400 J, 1980/
KZ 400 B, 1984) _____ 62
GPZ 400 (KZ 400 J, Ausf. M/ZX,
1983/1984) _____ 63

Die sparsamen Viertakt-Singles
Z 200 _____ 64
KL 250 _____ 65
Z 250 LTD _____ 66
Z 250 C _____ 67

Die kleinen Viertakt-Twins
Z 250/GPZ 250 Belt Drive _____ 68
GPZ 305 _____ 69

Die flüssigkeitsgekühlten Singles
KMX 125 _____ 70
KMX 200 _____ 71
KLR 250 _____ 72

KLR 600/E	73
KLR 650/Tengai (1987/1989)	74
KLR 650 (1995)	75
KLX 250 (1994)	76
KLX 650/R	77
KMX 125 (1997)	78
KLX 300 R	79

Die GPZ 900 R und ihre Erben

GPZ 900 R	80
GPZ 600 R	81
GPZ 750 R	82
GPZ 1000 RX	83
1000 GTR	84
ZL 600/1000	85
Eliminator 600	86

Die flüssigkeitsgekühlten Twins

LTD 450	87
GPZ 500 S (1987)	88
GPZ 500 S (1994)	89
KLE 500	90
EL 250/E	91
EN 500 (Belt Drive, 1990/Kette, 1996)	92
EL 252	93

Der 125er Späteinsteiger

Eliminator 125	94

Die neue Generation von Allroundsportlern

GPX 600/750 R	95
ZX-10	96
ZZ-R 600	97
ZZ-R 1100	98
GPZ 1100/ABS/Horizont (ZXT 10 E, 1995)	99

Die dicken V 2-Cruiser

VN 750	100
VN-15 SE	101
VN 800	102
VN 800 Classic	103
VN 1500 Classic	104
VN 1500 Classic Tourer	105
VN 800 Drifter	106
VN 1500 Drifter	107
VN 1500 Classic FI	108
VN 1500 Classic Tourer FI	109
VN 800 Drifter '01	110
VN 1500 Drifter '01	111
VN 1500 Mean Streak	112
VN 1600 Classic	113

Die neoklassische Zephyr-Reihe

Zephyr 550	114
Zephyr 750 (C)	115
Zephyr 750 (D)	116
Zephyr 1100 (A)	117
Zephyr 1100 (B)	118

Klassiker und Allrounder

Estrella (Solo)	119
Estrella (Duo)	120
ER-5 Twister	121
ZRX 1100	122
ZR-7	123
W 650	124
ER-5 Twister '01	125
ZR-7 S	126
ZRX 1200	127
ZRX 1200 R	128
ZRX 1200 S	129

Der erste Streetfighter

Z 1000	130

Ninja-Krieger und andere Supersportler

ZXR 750/R	131
ZXR 400	132
Ninja ZX-7 R	133
Ninja ZX 7 RR	134
Ninja ZX-6 R (1995)	135
Ninja ZX-9 R (1994)	136
Ninja ZX-6 R (1998)	137
Ninja ZX-9 R (1998)	138
Ninja ZX-6 R '00/'02 (636)	139
Ninja ZX-9 R '00/'02	140
Ninja ZX-12 R '00/'02	141
Ninja ZX-6 R '03 (636)	142
Ninja ZX-6 RR '03	143

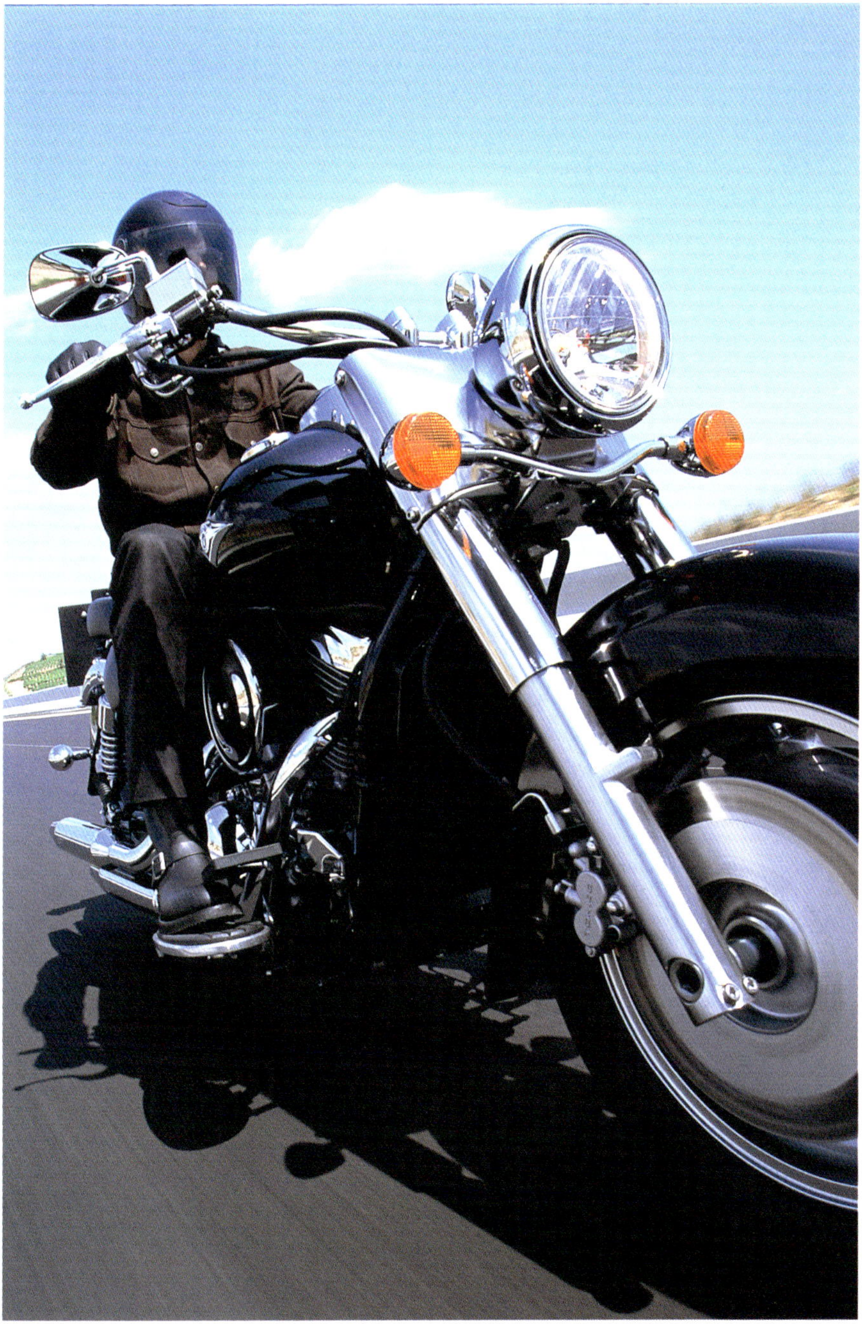

Einführung

Kawasaki Heavy Industries, die Mutter aller Geschäftszweige des Unternehmens, kann auf eine lange Firmengeschichte zurückblicken. Im Jahr 1878 errichtete Firmengründer Shozo Kawasaki in Tsukiji, einem Stadtteil von Tokio, eine Schiffsreparatur- und Instandhaltungswerft. Im Jahr 1911 baute die Firma die erste Dampflokomotive des Landes. Ab 1918 produzierte das Unternehmen unter anderem auch Flugzeuge. Die Geschäfte im Motorradsektor starteten kurz nach dem Zweiten Weltkrieg, als die Firma Getriebe für Kleinmotorräder produzierte. 1950 fertigte man komplette Zwei- und Viertaktmotoren für den japanischen Motorradproduzenten Meihatsu. Ende der fünfziger Jahre entwickelte sich der Motorenbau schließlich zum eigenständigen Produktionszweig.

Mit der Produktion eigener Motorräder begann Kawasaki 1961. Das erste Modell war die B 7 mit 125er Zweitaktmotor und Vierganggetriebe. Kurze Zeit später erschien das Nachfolgemodell B 8, ein in Japan sehr beliebtes »Brot-und-Butter-Motorrad«. Aus diesem Modell wurde 1963 das erste Sportmodell B 8 M abgeleitet, eine Maschine für Moto Cross-Rennen.

Dann nahm die Firma Kurs auf den riesigen Motorradmarkt USA. Typische Gebrauchsmotorräder waren hier aber wenig gefragt, der Markt verlangte nach hubraumstarken Maschinen oder offroadtauglichen Scrambler-Modellen. Wie andere japanische Motorradfirmen versuchte sich Kawasaki zunächst im Kopieren populärer Motorradtypen. Die 650 W1 von 1965/66 erinnerte stark an berühmte englische Viertakt-Paralleltwins und wurde im Land der traditionsbewussten Amerikaner zum Flop.

Kawasaki entwickelte eine eigene Produkt-Philosophie – die vom schnellen und leichten Sportmotorrad. Die 1966 präsentierte 250 A1 mit Zweitaktmotor und zwei Drehschiebern wurde in den USA zum Verkaufsrenner. 1969 schaffte man schließlich mit der 60 PS starken 500 H 1 Mach III auch auf dem europäischen Markt den Durchbruch. Der schlitzgesteuerte Zweitakter war schnell und mit 4300 Mark zudem recht günstig.

1972 folgte die Super Four Pilot 900, hierzulande unter der Modellbezeichnung 900 Z 1 bekannt. Die 79 PS starke Maschine darf heute getrost als das erste echte Superbike bezeichnet werden und war nur der Anfang einer langen Ahnenreihe von erfolgreichen luftgekühlten Kawasaki-Vierzylinder-Viertaktern. 1984 kam mit der GPZ 900 R der erste flüssigkeitsgekühlte Vierzylinder der Marke, mit Vierventiltechnik auf dem aktuellen Stand der Zeit. In Deutschland offiziell »nur« mit 100 PS ausgeliefert, war die Neue dennoch von Anfang an ein Riesenerfolg. Die traditionelle Hubraumformel 900 wurde in den Neunzigern fortgesetzt, als 1994 die Ninja ZX-9 R mit offen 139 PS bei 10500/min vorgestellt wurde. Ein Jahr später ging Kawasaki auch auf dem 600er Markt mit der Ninja ZX-6 R nebst Leichtmetallrahmen in die Offensive. Beide Ninjas wurden über die Jahre immer wieder modifiziert, um deren Konkurrenzfähigkeit sicher zu stellen. 2002 erhielt die Sechser 636 Kubikzentimeter Hubraum. Für 2003 gab es noch einmal eine komplette Renovierung mit neuem Motor, Fahrgestell und Design. Zusätzlich zur weiterhin 636 Kubikzentimeter messenden ZX-6 R gibt es nun die ZX-6 RR (599 ccm) für die Supersport-Meisterschaften. In 2000 kam dann die ultimative Powermaschine Ninja ZX-12 R (über 300 km/h) , die 2002 nochmals überarbeitet wurde.

Neben den erfolgreichen großen Vierzylindern blieb man auch stets in anderen Hubraum- und Motorradklassen präsent. Das verdeutlichen die Sporttourer ZZ-R 600/1100/1200 sowie GPZ 1100, Allrounder wie die ER-5, GPZ 500 S oder ZR-7/ZR-7 S, Alltags-Enduros wie die KLE 500 oder die KLX-/KLR-Modelle, Tourer wie die 1000 GTR und nicht zuletzt die erfolgreichen Cruiser der VN- und EN/EL-Reihe. Daneben pflegte man auch weiterhin Tradition im Hause Kawasaki und räumte Motorrädern wie Estrella, den Zephyr-Modellen, ZRX 1100, ZRX 1200/R/S, W 650 oder den Cruisern VN 800/1500 Drifter, VN 1500 Classic/Tourer (FI), VN 1500 Mean Streak und VN 1600 Classic Raum im Modellprogramm ein.

Der neueste Star im Modellprogramm ist die 2003 erschienene Z 1000, ein Streetfighter-Motorrad in Serie mit aufgebohrtem ZX-9 R-Motor, neuem Fahrwerk, Vierrohrauspuff und heißem Design. Da werden Erinnerungen an alte Z 900/Z 1000-Tage wach.

Die Marke ist aber auch in Sachen auf umweltschonender Technologien sehr engagiert. Mit dem Sekundärluftsystem KCA (Kawasaki Clean Air System) und dem KLEEN-System (ungeregelter Katalysator) werden Schadstoffe im Abgas erheblich reduziert. Bei fast allen Kawasakis kommt mindestens einer dieser beiden Bausteine zum Einsatz.

Die in diesem Band aufgeführten Modelle sind nach Baugruppen/-reihen in chronologischer Abfolge oder – wenn nötig – nach thematischen Zusammenhängen geordnet. Ausstattungs- und Modellvarianten gehen aus der Modellbezeichnung oder dem internen Typencode hervor. Die Modifikationen der jeweiligen Modelljahre wurden in den Anmerkungen und Begleittexten detailliert aufgeführt.

Aus Platzgründen ließ sich nicht jedes Modell im Bild vorstellen, teilweise wurden bauartbedingt verwandte Modelle auf einer Text- und Bildseite zusammengefasst. Dabei gilt zu beachten, dass häufig das erste Modelljahr eines Modells beziehungsweise seiner Nachfolgemodelle aufgeführt ist und es sich beim angegebenen Preis um den Verkaufspreis des offziellen Importeurs in diesem Modelljahr handelt.

Der Typenkompass verschafft dem Leser einen kompakten und kompetenten Überblick zu den Kawasaki-Motorrädern ab 1965 und deren Modellreihen. Bildmaterial, Typenbezeichnungen, firmeninterne Codes und Angaben zu den Modelljahren ermöglichen eine schnelle und einfache Identifikation des jeweils gesuchten Modells. Als erste grobe Orientierung dienen dabei die Anmerkungen zu den Modellreihen, die die Aufteilung in Baugruppen und -jahre erläutern.

Damit wird der Typenkompass zu einem sinnvollen Ratgeber, wenn es um technische Angaben, Kategorisierung von Jahrgängen oder Preisen, Modifikationen sowie Stärken und Schwächen eines gesuchten Motorradmodells geht.

Anmerkungen zu den Modellreihen

Der erste eigene Viertakt-Zweizylinder

Die 650 W1 war vor allem für den viel an wirtschaftlichem Potential bietenden amerikanischen Markt konzipiert. Da hier mit den spritzigen, aber hubraumschwachen Einzylinder-Zweitaktern kaum ein Käufer zu beeindrucken war, musste eine hubraumstarke, möglichst mehrzylindrige Maschine her. Nach Einverleibung des japanischen Motorradherstellers Meguro hatte man zwar Viertaktmotorräder wie die 250 S8 oder die 500er Zweizylinder-K1 in petto, doch war das den Mannen der Kawasaki Aircraft Company nicht genug. Man wollte mehr, ein erstes eigenständiges großvolumiges Zweizylindermotorrad, das mit den in den USA gut verkauften BSA, Norton und Triumph konkurrieren konnte. Der Viertakt-Paralleltwin wurde im Oktober 1965 präsentiert und leistete 47 PS bei 6500/min. Trotz technischem Vorsprung gegenüber der direkten Konkurrenz aus England gewannen die W1 und ihre Nachfolgerinnen W1 S, W2 SS und W2 TT bei den traditionsbewussten Amerikanern nicht die Akzeptanz, die eine längerfristige Produktion und Weiterentwicklung dieser Baureihe gerechtfertigt hätte.

Die schnellen Zweitakt-Zwei- und Dreizylinder

Nach der Pleite mit der W1 und ihren Nachfolgerinnen besann sich Kawasaki wieder auf seine schnellen Zweitakter. Mit den zweizylindrigen 250 A1 Samurai (1966) und der 350 A7 Avenger (1967) errang man schließlich auf dem amerikanischen wie dem europäischen Markt große Verkaufserfolge, auch wenn es technisch hier und da noch einige Probleme gab. Der richtige Durchbruch kam dann schließlich mit dem Dreizylinder-Zweitakter 500 H1 Mach III, der im Herbst 1968 erstmals vorgestellt wurde und das Modellprogramm 1969 bereicherte. 60 PS und 174 Kilogramm Leergewicht machten aus der 500er eine Rakete. Wegen ihrer Popularität entschloss sich Kawasaki zum Bau weiterer Dreizylinder-Zweitakter wie 750 H2 Mach IV (1972), 250 S1 Mach I und 350 S2 Mach II (1971) sowie 400 S3 (1973).

Die robusten Zweitakt-Einzylinder

Mit dem Modell 350 F5 (1971) betrat Kawasaki auch in Deutschland erstmals Scrambler-Boden, nachdem man damit in den USA in diesem Segment sehr erfolgreich war. Geeigneter Antrieb für solche Maschinen war der Zweitakt-Einzylinder, der zunächst noch in der Kawasaki-typischen Form mit Drehschieber zum Einsatz kam. Doch bereits die 250 F11 (1972) war mit einem Membraneinlass ausgestattet, der die bei Zweitaktern üblichen Spülverluste deutlich minderte. Dennoch hielt Kawasaki bei seinen kleineren Zweitakt-Einzylindern noch einige Jahre an der Drehschiebersteuerung fest, ehe 1980 mit der KE 175 wieder ein Motorrad mit dem zeitgemäßeren Membraneinlass vorgestellt wurde.

Die großen luftgekühlten Vierzylinder

Die IFMA 1972 in Köln wurde zur Schaubühne für einen Meilenstein der Motorradgeschichte, der über ein Jahrzehnt lang die folgenden Kawasaki-Generationen prägte: Die 900 Z 1 Super Four war die Antwort auf Hondas CB 750 Four (1969), die bis dato als das Nonplusultra galt. Mit 82 SAE-PS (79 DIN-PS) bei 8500/min, einer Beschleunigung von 3,5 Sekunden von null auf 100 km/h und knapp 220 km/h Höchstgeschwindigkeit war das erste echte Superbike geboren. Anfängliche Fahrwerksschwächen wurden in den Nachfolgemodellen durch gezielte Überarbeitung ausgemerzt. Bereits 1976 folgte Kawasakis erste Tausender, die Z 1000, mit weiteren Verbesserungen. Kawasakis Vierzylindermotoren hatten mittlerweile nicht nur im normalen Straßenbetrieb, sondern auch im Rennsport den Ruf des nahezu unverwüstlichen, leistungsstarken Sportmotorrads erlangt. Mit der Z 1000 Z 1-R hielt 1978 das erste Verkleidungsteil Einzug bei Kawas großen Vierzylindern, mit der Z 1000 FI 1980 die erste elektronische Benzineinspritzung der Motorradhistorie überhaupt. Mitte der achtziger Jahre fand die wohl erfolgreichste und beständigste japanische Motorradbaureihe schließlich ihren Abschluss mit der GPZ 1100 Unitrak (ZX 1100 A).

Der gewaltige Sechszylinder

Dem Streben nach Superlativen wie immer mehr Leistung, immer mehr Hubraum und immer stärkeren Motoren stellte sich Kawasaki im Modelljahr 1979 mit der völlig neu entwickelten Sechszylindermaschine Z 1300. Anfänglich noch mit 32er Doppelvergasern ausgeliefert, kam ab 1982 eine Einspritzanlage mit Schubabschaltung zum Einsatz, die noch spontanere Gasannahme bei erheblich reduziertem Benzinkonsum ermöglichte. Nicht aus der Welt zu schaffen war das mittlerweile von 318 auf 326 Kilogramm angewachsene Leergewicht, das in Zeiten heutiger Schwermetallcruiser aber auch niemanden mehr beunruhigen würde. Der Dinosaurier Z 1300 avancierte jedoch im Laufe der Jahre zur idealen und zudem exklusiven Zugmaschine bei Motorradgespannen.

Die robusten Parallel-Zweizylinder

Neben schnellen Zweitaktern und großen Vierzylindern entwickelte Kawasaki zu Beginn der Siebziger eine neue Zweizylinder-Viertaktlinie, die mit der 1974 eingeführten Z 400 ihren Anfang fand. Völlig untypisch für die Marke, suchte diese Maschine nicht ihren Erfolg im Leistungswettrüsten. Die 30 PS aus 398 Kubikzentimetern Hubraum kamen eher beschaulich daher. Die 400er zielte vielmehr in Richtung gemütliches Touren, ohne Hatz und Hektik. Mit Erfolg, denn in Europa und vor allem Deutschland erfreuten sich die 400er und ihre Nachfolger Z 440 und Z 440 LTD großer Beliebtheit. Ein Grund dafür war die neugeschaffene 27-PS-Versicherungsklasse, in die die Motorräder nach zaghafter Drosselung perfekt passten. Parallel dazu entwickelte man in Akashi einen 750er Twin, der der Yamaha XS-1/XS 650 mächtig Konkurrenz machte. Daraus abgeleitet wurde eine Softchoppervariante Z 750 LTD, die 1985 mit Zahnriemenantrieb ihren Abschied feierte.

Die flotten Mittelklasse-Vierzylinder

Bereits zur Präsentation der neuen Z 1000 stellte Kawasaki auch ein Mittelklassemotorrad vor, das den schnellen 750ern von Honda (CB 750 Four/F1), Suzuki (GT 750 A) und Yamaha (XS 750) kräftig einheizen sollte. Mit 66 PS bei 220 Kilogramm Leergewicht hatte die so getaufte Z 650 keinerlei Schwierigkeiten, auf kurvenreichen Strecken der Konkurrenz das Fürchten zu lehren. Der Vierzylinder war zudem moderner aufgebaut als der große Motor aus gleichem Hause. Mit ein Grund dafür, dass sich aus diesem Motorrad im Laufe der Jahre eine schlagkräftige Modellreihe entwickelte, die in der GPZ 750 (ZX 750 A) und der Z 750 Turbo von 1983 gipfelte und in den neunziger Jahren in der Zephyr 750 sowie der brandneuen ZR-7/S Fortsetzung fand.

Die sportlichen kleinen Vierzylinder

Ende 1978 stellte Kawasaki ein neues Vierzylindermodell vor, das in der heißumworbenen klassischen Halbliterklasse für gute Absatzzahlen sorgen sollte. Die Chancen standen nicht schlecht, denn die neue Z 500 war ein robustes und zugleich recht flottes Motorrad mit einem handlichen Fahrwerk. Doch schon zwei Jahre später standen die Ablösungen auf der IFMA 1980: die Z 550 B, die Z 550 LTD und die GPZ 550. Dabei war der neue Hubraum eher marketingtechnischer Natur, denn mittlerweile hatten fast alle anderen Hersteller 550er auf dem Markt. In den folgenden Jahren entwickelte Kawasaki eine ganze Modellpalette bis hin zu dem Tourer GT und der 400er Reihe. Beide Motoren waren noch bis ins neue Jahrtausend in den Modellen Zephyr 550 (Deutschland) und Zephyr 400 (Japan) aktuell.

Die sparsamen Viertakt-Singles

Zur IFMA 1976 stellte Kawasaki ein leichtes Straßenmotorrad mit Viertakt-Einzylindermotor, 200 Kubikzentimetern Hubraum und mechanisch betätigter Vorderrad-Scheibenbremse vor. Die Zielrichtung war klar, dieses Motorrad war als »Spardose« gedacht, ohne dabei den Fahrspaß zu vernachlässigen.

Leider kam es im Alltagsbetrieb zu typischen Schäden an Nockenwellenlagerung (direkt im Leichtmetall-Zylinderkopf) und Kolben/Zylinder. Bereits im Nachfolgemodell Z 250 C (1980) sowie den gleichzeitig oder bereits vorher eingeführten Ablegern Z 250 C (Softchopper, 1980) und KL 250 (Enduro, 1977) waren daher leistungsfähigere Ölpumpen verbaut. Den sportlichsten Auftritt hatte der kleine Viertakter im zunächst nur inoffiziell importierten Modell KLX 250 mit Cross-Fahrwerk und modifiziertem Motor.

Die kleinen Viertakt-Twins

Ende der siebziger Jahre versuchte Kawasaki, für die populäre 27-PS-Klasse im eigenen Haus eine Alternative zu den etwas betagten, aber robusten Paralleltwins und den kleinen Singles zu schaffen. Das neue Motorrad hieß Z 250 (A1) und wartete mit einem 180-Grad-Zweizylinder-Reihenmotor auf. Die Maschine gehörte zwar nicht zu den Schnellsten ihrer Klasse, bot dafür aber ein konkurrenzlos günstiges Preis-/Leistungsverhältnis. Denn nicht nur der Kaufpreis von knapp 4300 Mark, sondern auch die Betriebskosten waren erfreulich niedrig und damit einsteigertauglich. Weiterere Gründe, dass die 250er und auch die Nachfolgemodelle GPZ 250 Belt Drive und GPZ 305/Belt Drive gut verkauft wurden, waren das geringe Gewicht, die niedrige Sitzhöhe und das damit verbundene, spielerische Handling.

Die flüssigkeitsgekühlten Singles

Anfang/Mitte der Achtziger orientierte sich Kawasaki auch im Enduroberereich in Richtung Flüssigkeitskühlung. Ende 1983 präsentierte man die neue KLR 600, die mit modernen technischen Features wie zwei obenliegenden Nockenwellen, Vierventiltechnik mit Tassenstößeln, zwei Ausgleichswellen und Flüssigkeitskühlung eine neue Ära einläutete. Es folgten Nachfolgerinnen wie KLR 600 E, KLR 650/Tengai und KLR 250, die allesamt ganz vorn in der Single-Riege rangierten und zum Teil heute noch in modifizierter Form (KLR 650) in der Produktpalette vertreten sind. Parallel dazu entwickelte man in Akashi eine Zweitaktreihe mit flüssigkeitsgekühlten Motoren und Modellkürzel KMX. Die KMX 125 wurde aufgrund der neuen 125er Einsteigerklasse 1997 wieder ins Programm genommen.

Die GPZ 900 R und ihre Erben

1984 war es soweit, Kawasaki vollzog bei seiner sportlichen Vierzylinder-Baureihe den längst fälligen Umstieg auf Flüssigkeitskühlung. Die GPZ 900 R mit Vierventiltechnik, Sechsganggetriebe und AVDS-Dämpfungssystem vorn stellte den Anfang einer neuen Epoche dar, in deren Verlauf GPZ 600 R, GPZ 750 R und GPZ 1000 RX folgten. Parallel zu den Sportlern wurden aus dem neuen Motorkonzept auch Tourer wie der Dauerbrenner 1000 GTR, der sich noch heute im Programm befindet, und die Cruisermodelle ZL 600 und ZL 1000 abgeleitet.

Die flüssigkeitsgekühlten Twins

1985 startete Kawasaki mit der LTD 450 eine neue Mittelklasse-Zweizylinder-Baureihe. Der Motor war praktisch ein halbierter GPZ 900 R-Motor, etliche Bauteile waren absolut baugleich. Bereits 1986 zeigte Kawasaki eine Straßenvariante namens GPZ 500 S, die mit ungedrosselten 60 PS manch größerem Bike Konkurrenz machen konnte. Weitere Modelle folgten, die vom robusten Viertakttwin angetrieben wurden, wie etwa 1990 die EN 500, 1991 die Funduro KLE 500 oder gar der 1997 erschienene Allrounder ER-5 Twister. Parallel zu den Mittelklasse-Twins hatte man aber auch eine echte Einsteigerreihe parat, die von der EL 250 1988 über EL 250 E 1991 bis hin zur EL 252 des Jahres 1996 reichte.

Der 125er-Späteinsteiger

Obwohl die neue 125er-Einsteigerklasse bereits seit Februar 1996 aktuell war, wartete Kawasaki mit der Markteinführung entsprechender Modelle relativ lange. Genauer gesagt bis 1997, als mit der MX 125 das erste Kleinmotorrad für diese Klasse erschien. Andere Hersteller hatten mit guten Verkaufszahlen bereits gezeigt, dass in dieser Klasse enormes Potential steckte, wenn auch mehr oder minder vorübergehend. Vor allem kleine Cruiser gingen sprichwörtlich weg wie warme Semmeln. So kam das entsprechende Modell Eliminator 125 1998, als der ganz große Boom eigentlich schon wieder abebbte.

Die neue Generation von Allroundsportlern

Mitte der achtziger Jahre tat sich Kawasakis GPZ 750 R recht schwer, den Anschluss an die sportliche Konkurrenz zu halten. Mit der neuen GPX 750 R, die 1987 auf den Markt kam, wollten die »Grünen« im für die Marke wichtigen 750er-Segment Marktanteile zurückgewinnen. Zugleich bemühte man sich, das neue Motorrad bediener- und allroundfreundlich zu gestalten, ohne dabei den Verlust des sportlichen Images zu riskieren. Mit der abgeleiteten GPX 600 R hatte man ein Jahr später die Antwort auf Hondas neue CBR 600 F parat. 1988 folgte das neue Topmodell ZX-10 mit Leichtmetall-Brückenrahmen und 137 PS offener Leistung. Die Nachfolger ZZ-R 1100 (1990) und GPZ 1100 (1995) basieren im Grunde ihres (Motor-) Herzens auf der ZX-10. Die ZZ-R 600 (1990) war zwar eigentlich ein neues Motorrad, setzte aber die Tradition von Kawasakis schnellen 600ern fort. In 2002 brachte Kawasaki – als vorläufigen Höhepunkt dieser Reihe – die ZZ-R 1200 mit großen Tourenqualitäten.

Die dicken V 2-Cruiser

Die technisch sehr aufwändige VN 750 machte 1986 den Anfang für die heute sehr erfolgreichen Cruiser-Modelle von Kawasaki. Bereits 1987 folgte der Hubraumbolide VN-15 SE. 1993 wurde die VN 750 nochmals ins Programm aufgenommen, um die entstandene Lücke zwischen der 1500er und der EN 500 wieder zu schließen. 1995 brachte Kawasaki parallel dazu die neue VN 800, die endlich die ersehnten Speichenräder auch in dieser Hubraumklasse strahlen ließ. Aus den beiden V 2-Basismotoren mit 800 und 1500 Kubikzentimetern Hubraum entstand in den folgenden Jahren eine facettenreiche Cruiser-Reihe, die unter anderem die Classic- (1996), Classic Tourer- (1998) und die Drifter-Modelle (1999) hervorbrachte. Mit VN 1500 Mean Streak (2002) und VN 1600 Classic (2003) kamen Cruiser in modernerem Design hinzu.

Die neoklassische Zephyr-Reihe

Unglaublich, aber wahr: Die Zephyr-Modelle waren inmitten des High-Tech-Angebots die Stars der IFMA 1990. In den darauffolgenden Jahren sollten Kawasakis Neoklassiker zu tragenden Figuren im neu geschaffenen Naked-Bike-Sektor werden. Stilistisch an die legendären luftgekühlten Vierzylinder angelehnt, verkörperten die Zephyr 550 und Zephyr 750 die ursprüngliche Mechanik des Motorrads, mit freiliegendem Motor, ohne Verkleidungsschnickschnack. Bereits Ende 1991 stellte Kawasaki die Zephyr 1100 vor, die diese Ideale im Modellprogramm nach oben hin fortsetzte. 750er und 1100er erhielten 1996 Speichenräder, die 1100er wurde nach der Saison 1998 aus dem Programm genommen.

Klassiker und Allrounder

Neben all der sportlichen Tradition verlor Kawasaki auch das Allroundmotorrad nie ganz aus den Augen. Dabei verstand man es, Alltagsbelange geschickt mit klassischen Attributen zu verknüpfen. Parallel zur populären Zephyr-Reihe stellte man so selbstbewusste, eigenständige Konzepte wie die Estrella vor, die 1994 zunächst als Solo-, 1996 dann als Duo-Maschine ausgeliefert wurde. Erfolge mit »Klassikern« machten den Mannen aus Japan Mut, noch einmal das Wagnis Viertakt-Zweizylinder-Reihenmotor anzugehen: 1998 stellte man auf der INTERMOT in München, die die IFMA in Köln künftig ersetzte, die neue W 650 vor – eine Maschine, die auf den ersten Blick viel Ähnlichkeit mit der 650 W1 von 1966 hat, technisch aber in vielerlei Hinsicht andere Wege geht. Auch die ZRX 1100, die 1997 erschien, hatte historische Wurzeln. Ihr Outfit wurde an die Eddie-Lawson-Replica Z 1000 R von 1983 angelehnt. 2001 erhöhten die Japaner nochmals den Hubraum und präsentierten gleich drei Versionen: ZRX 1200 (nackt), ZRX 1200 R (mit Cockpitschale) und ZRX 1200 S (mit Halbschale). Parallel dazu war man bei Kawasaki gegenüber modischen Trends stets aufgeschlossen, wie die kostengünstige »Vollwertkost« ER-5 Twister (1997), die ZR-7 (1999) oder ZR-7 S (2001) beweisen.

Der erste Streetfighter

Im September 2002 zur INTERMOT bestätigen sich die Gerüchte um ein völlig neues Motorrad im populären Streetfighter-Design. Die Z 1000 wird vom aufgebohrten und stark modifizierten Vierzylinder der ZX-9 R angetrieben und besitzt Einspritzanlage sowie U-Kat. Der Stahlrohr-Brückenrahmen ist eine Neukonstruktion, die den freien Blick aufs Triebwerk zulässt. Eine kleine Cockpitschale mit frechem Scheinwerfersetup sorgt für den grimmigen Blick. Zudem stammen einige Bauteile wie Sitzbank, Heck mit LED-Rücklicht, Vorderradkotflügel und Innenkotflügel hinten von den neuen Sechsern. Die vier Endschalldämpfer erinnern an die legendäre 900 Z 1.

Ninja-Krieger und andere Supersportler

Seit jeher fuhr Kawasaki auf den Rennstrecken der Welt ganz vorne mit. Kein Wunder, dass man sich schon nach kurzer Zeit in der ab 1988 offiziell als Weltmeisterschaft ausgetragenen Superbike-Serie engagierte. Mit der 1989 erschienenen ZXR 750 beziehungsweise ihrer Schwester ZXR 750 R (1991) hatte man auch schnell die passende Basismaschine parat, die daraus abgeleitete ZXR 400 wurde ab 1991 in Deutschland angeboten. 1993 holte Scott Russell auf einer frisch überarbeiteten ZXR 750 R den Weltmeistertitel. Nach sieben ZXR-Modelljahren folgte 1996 die Ninja ZX-7 R nebst Homologationsmotorrad ZX-7 RR für nationale und internationale Superbike-Meisterschaften. Die Doppel-R wurde noch bis 2002 von Kawasaki in der WM eingesetzt. Parallel dazu entwickelten sich die 900er-Big Bike- und die 600er-Supersportklasse immer mehr zu Top-Segmenten, auch Kawasaki schnitt sich mit der ZX-9 R (1994) und der ZX-6 R (1995) ein großes Stück der Verkaufstorte ab. Die flotte Sechser und Neuner wurden über die Jahre immer wieder renoviert, um der Konkurrenz beim Spagat zwischen Sport und Alltag ein Schnippchen zu schlagen. Die 2000 erschienene ZX-12 R (178 PS, 308 km/h) deutete aber schon an, daß Kawasaki noch einiges Ninja-Potential in petto hatte. 2002 folgte dann die zweite Auflage der Speedkönigin. Das Jahr 2003 mit den brandheißen Modellen ZX-6 R 636 und ZX-6 RR bedeutet die Rückkehr zu alten Tugenden: »No compromises!« Zurück zu den Wurzeln, zurück zur kompromisslosen Sportlichkeit!

650 W1

Die 650 W1, die im Oktober 1965 vorgestellt wird, war vornehmlich für den amerikanischen Markt gedacht und sollte dort mit den erfolgreichen englischen BSA, Norton und Triumph konkurrieren. Optisch war die 650er stark an ihre Konkurrentinnen angelehnt, technisch hatte sie ihnen aber einiges voraus. Doch die Amerikaner akzeptierten die 650 W1 und ihre Nachfolgemodelle nicht. Daher entschloss sich Kawasaki 1967 zum Export der Zweizylinder-Viertakter auch nach Europa.

Modell:	650 W1, W1 S, W2 SS, W2 TT
1. Modelljahr:	1966
Preis:	4830,– DM (W 1), 5440,– DM (W 2 SS)
Motor:	2-Zylinder-Reihenmotor, Viertakt, fahrtwindgekühlt
Leistung:	47/50/53PS/33/37/39 kW bei 6500/min
max. Drehmoment:	53 Nm/5,4 mkp bei 5500/min
Ventilsteuerung:	ohc
Ventile pro Zyl.:	2
Hubraum:	624 ccm
Gemischaufb.:	1/2 Vergaser
Getriebe:	4-Gang
Hinterradantrieb:	Kette
Rahmen:	Doppelschleifen-Stahlrohr
Reifen v., h.:	3.25-19, 3.50-18/4.00-18
Bremsen v., h.:	Trommel, Trommel
Federweg v., h.:	120 mm, 80 mm
Leergewicht:	181 kg
Tankinhalt:	14 l
Höchstgeschw.:	140/150/155 km/h
Anmerkungen:	W 1 mit einem Vergaser, alle anderen zwei Vergaser.

250 A1

Fürs Modelljahr 1966 schickte Kawasaki die 250 A1 Samurai auf den amerikanischen Markt, später kam die Maschine auch nach Europa. 31 PS Höchstleistung bei 8000/min und die aufwendige Einlaßsteuerung mit je einem Plattendrehschieber pro Seite sowie die hinterm Zylinderbankett angeordnete Lichtmaschine und Zündanlage verkörperten Renntechnologie. Eine per Zahnräder angetriebene Pumpe beförderte Frischöl direkt in die Ansaugkanäle.

Die ersten Modelle kamen noch mit kontaktgesteuerter Zündanlage, ab 1969 (vorerst nur in den USA) mit Hochspannungs-Kondensator, Zündanlage (CDI, Capacitor Discharge Ignition). Ab 1967 war die A1 auch als Scrambler-Version (SS) lieferbar.

Modell:	250 A1 Samurai
1. Modelljahr:	1966
Preis:	2950,– DM
Motor:	2-Zylinder-Reihenmotor, Zweitakt, fahrtwindgekühlt
Leistung:	31 PS/23 kW bei 8000/min
max. Drehmoment:	29 Nm/3,0 mkp bei 5500/min
Ventilsteuerung:	Drehschieber
Ventile pro Zyl.:	–
Hubraum:	247 ccm
Gemischaufb.:	2 Vergaser, Ø 22 mm
Getriebe:	5-Gang
Hinterradantrieb:	Kette
Rahmen:	Doppelschleifen-Stahlrohr
Reifen v., h.:	3.00-18, 3.25-18
Bremsen v., h.:	Trommel, Trommel
Federweg v., h.:	110 mm, 70 mm
Leergewicht:	145 kg
Tankinhalt:	13,5 l
Höchstgeschw.:	160 km/h

350 A7

Fürs Modelljahr 1967 ging Kawasaki bei seinen Hochleistungszweitaktern noch einen Schritt weiter und stellte die A7 vor. Neun Millimeter mehr Bohrung, Vergaser mit größerem Ansaugdurchmesser und geänderte Steuerzeiten ermöglichen die erstaunliche Mehrleistung von immerhin 11 PS gegenüber der A1. Um weiterhin ausreichende Standfestigkeit zu garantieren, verstärkten die Japaner den Kurbeltrieb und verbesserten die Schmierung: Neben erhöhter Pumpleistung wurde nun zusätzlich Öl direkt zu den Kurbelwellenlagern geleitet, die Pleuellager wurden vom hier entstehenden Schleuderöl versorgt.

Außerdem war hier die Bereifung stärker dimensioniert und ein Lenkungsdämpfer serienmäßig.

Modell:	350 A7 Avenger
1. Modelljahr:	1967
Preis:	3400,– DM
Motor:	2-Zylinder-Reihenmotor, Zweitakt, fahrtwindgekühlt
Leistung:	42 PS/31 kW bei 7500/min
max. Drehmoment:	39 Nm/4,0 mkp bei 7000/min
Ventilsteuerung:	Drehschieber
Ventile pro Zyl.:	–
Hubraum:	338 ccm
Gemischaufb.:	2 Vergaser, Ø 24 mm
Getriebe:	5-Gang
Hinterradantrieb:	Kette
Rahmen:	Doppelschleifen-Stahlrohr
Reifen v., h.:	3.25-18, 3.50-18
Bremsen v., h.:	Trommel, Trommel
Federweg v., h.:	110 mm, 70 mm
Leergewicht:	149 kg
Tankinhalt:	13,5 l
Höchstgeschw.:	175 km/h

250 S1

Noch im gleichen Jahr nach Einführung der 350 S2 stellte Kawasaki eine 250er-Version vor, die mit acht Millimetern weniger Bohrung auf exakt 249 Kubikzentimeter Hubraum kam. Den möglichen tollen Fahrleistungen stand ein relativ hoher Spritverbrauch entgegen, bei heißer Fahrweise flossen locker über zehn Liter durch die Vergaser. Bereits im Modell S1 C von 1975 erhielt die 250er einen breiteren Hinterradreifen (3.50-18). Pünktlich vor Einführung der 27-PS-Versicherungsklasse kam das Modell KH 250 mit 26 PS Spitzenleistung und einer Scheibenbremse vorn auf den Markt.

Modell:	250 S1 Mach I/KH 250/ 350 S2 Mach II/S2 A
1. Modelljahr:	1971/1976/1971/1972
Preis:	3490,–/3890,– DM
Motor:	3-Zylinder-Reihenmotor, Zweitakt, fahrtwindgekühlt
Leistung:	28/26/41 PS/21/19/30 kW bei 7500/7000/8000min
max. Drehmoment:	26/42 Nm/2,7/4,3 mkp bei 7000/6500/7000/min
Ventilsteuerung:	Schlitz
Ventile pro Zyl.:	–
Hubraum:	249/346 ccm
Gemischaufb.:	3 Vergaser, Ø 22/24 mm
Getriebe:	5-Gang
Hinterradantrieb:	Kette
Rahmen:	Doppelschleifen-Stahlrohr
Reifen v., h.:	3.00-18, 3.25-18/3.50-18
Bremsen v., h.:	Trommel/Scheibe, Trommel
Federweg v., h.:	110 mm, 70 mm
Leergewicht:	149/177 kg
Tankinhalt:	14 l
Höchstgeschw.:	145/140/170 km/h

KH 400

Nach den Erfahrungen mit der 350 S2 entwickelte Kawasaki die 1973 präsentierte 400 S3, die mit deutlich harmonischerem Leistungsverhalten, mehr Elastizität und geringerer Geräuschentwicklung glänzte. Die Gummilagerung des Triebwerks hielt das Vibrationsaufkommen in Grenzen. Dennoch erntete die stark verbesserte 400er von 1976 mit CDI-Anlage und 36 PS Kritik, nach wie vor lag der Benzinkonsum mit rund neun Litern auf 100 Kilometern im Schnitt zu hoch. Die 400er war in der Version KH die letzte Vertreterin der sagenumwobenen Dreizylinder-Zweitaktgeneration von Kawasaki, sie blieb bis 1978/79 im Programm, zuletzt auch mit 27 PS lieferbar.

Modell:	400 S3/S3 A/KH 400
1. Modelljahr:	1973/1975/1976
Preis:	4300,– DM (S3)/ 4500,– DM (KH 400)
Motor:	3-Zylinder-Reihenmotor, Zweitakt, fahrtwindgekühlt
Leistung:	40/36 PS/29/21 kW bei 7000/min
max. Drehmoment:	40 Nm/4,1 mkp bei 6500/min
Ventilsteuerung:	Schlitz
Ventile pro Zyl.:	–
Hubraum:	400 ccm
Gemischaufb.:	3 Vergaser, Ø 26 mm
Getriebe:	5-Gang
Hinterradantrieb:	Kette
Rahmen:	Doppelschleifen-Stahlrohr
Reifen v., h.:	3.25-18, 3.50-18
Bremsen v., h.:	Scheibe, Trommel
Federweg v., h.:	110 mm, 70 mm
Leergewicht:	177 kg
Tankinhalt:	14 l
Höchstgeschw.:	170/160 km/h

500 H1

Die im Herbst 1968 erstmals vorgestellte 500 H1 Mach III zielte eindeutig in Richtung von Hondas neuer CB 750 Four. Das Hubraum- und Leistungshandicap machte die 500er locker durch deutlich weniger Pfunde weg. 174 Kilogramm Leergewicht und 60 PS Höchstleistung standen deren 218 Kilogramm und 67 PS der Honda entgegen. Allerdings war die Mach III wegen ihrer spitzen Leistungskurve nicht einfach zu fahren. Außerdem schluckte sie mit bis zu 15 Litern ordentlich Sprit, was gleichzeitig das komplette Tankvolumen aufbrauchte. Die letzte Version KH 500 hatte nur noch 50 PS und wog 210 Kilogramm.

Modell:	500 H1 Mach III/KH 500
1. Modelljahr:	1969/1976
Preis:	4300,–/5200,– DM
Motor:	3-Zylinder-Reihenmotor, Zweitakt, fahrtwindgekühlt
Leistung:	60/50 PS/44/37 kW bei 7500/7000/min
max. Drehmoment:	53/51 Nm/5,4/5,2 mkp bei 6500/min
Ventilsteuerung:	Schlitz
Ventile pro Zyl.:	–
Hubraum:	498 ccm
Gemischaufb.:	3 Vergaser, Ø 28 mm
Getriebe:	5-Gang
Hinterradantrieb:	Kette
Rahmen:	Doppelschleifen-Stahlrohr
Reifen v., h.:	3.25-19, 4.00-18
Bremsen v., h.:	Trommel/Scheibe, Trommel
Federweg v., h.:	140 mm, 70 mm
Leergewicht:	174/210 kg
Tankinhalt:	15/16 l
Höchstgeschw.:	190/185 km/h
Anmerkungen:	H1 E ab 1974 mit gummigelagertem Motor, Leerlauf liegt unter erstem Gang.

750 H2

Mit 71 DIN-PS zählte die 750 H2, die Kawasaki 1971 erstmals vorstellte, zu den stärksten Serienmotorrädern überhaupt. Damit waren Spitzengeschwindigkeiten von über 200 km/h möglich. In nur 4,2 Sekunden beschleunigte die 750er aus dem Stand von null auf 100 km/h. Die Gummilagerung des Tourenlenkers trug dem hohen Vibrationsaufkommen Rechnung. Am rechten Tauchrohr hatte Kawasaki die mögliche Nachrüstung einer zweiten Scheibenbremse vorgesehen, die ab Werk/Importeur erhältlich war und in Anbetracht der gebotenen Fahrleistungen sinnvoll erschien.

Modell:	750 H2 Mach IV
1. Modelljahr:	1972
Preis:	5400,– DM
Motor:	3-Zylinder-Reihenmotor, Zweitakt, fahrtwindgekühlt
Leistung:	71 PS/52 kW bei 6800/min
max. Drehmoment:	77,5 Nm/7,9 mkp bei 6500/min
Ventilsteuerung:	Schlitz
Ventile pro Zyl.:	–
Hubraum:	748 ccm
Gemischaufb.:	3 Vergaser, Ø 30 mm
Getriebe:	5-Gang
Hinterradantrieb:	Kette
Rahmen:	Doppelschleifen-Stahlrohr
Reifen v., h.:	3.25-19, 4.00-18
Bremsen v., h.:	Scheibe, Trommel
Federweg v., h.:	140 mm, 80 mm
Leergewicht:	192 kg
Tankinhalt:	17 l
Höchstgeschw.:	205 km/h
Anmerkungen:	Schaltschema wie bei der 500 H1, separater Kunststofftank zur Kettenschmierung.

KM 100

Der Nachfrage nach Kleinmotorrädern für den Camping- oder Wohnmobilurlaub wurde Kawasaki 1976 mit der KM 100 gerecht. Das Mini-Bike mit 16- und 14-Zoll-Stollenreifen wurde aus dem Moto Cross-Modell MC1 mit 90 Kubikzentimetern Hubraum abgeleitet. Durch Aufbohren um 2,5 auf 49,5 Millimeter entstand im Zusammenspiel mit 51,8 Millimetern Hub das neue 100-Kubikzentimeter-Motörchen. Mit Drehschiebereinlass und 19-Millimeter-Mikuni-Vergaser leistete der kleine Zweitakter immerhin neun PS bei 6250/min. Weitere technische Highlights waren die Injectolube-Frischölschmierung und Fünfganggetriebe.

Modell:	KM 100
1. Modelljahr:	1976
Preis:	2080,– DM
Motor:	1-Zylinder-Motor, Zweitakt, fahrtwindgekühlt
Leistung:	9 PS/6,6 kW bei 6250/min
max. Drehmoment:	9,8 Nm/1,0 mkp bei 4500/min
Ventilsteuerung:	Drehschieber
Ventile pro Zyl.:	–
Hubraum:	100 ccm
Gemischaufb.:	1 Vergaser, Ø 19 mm
Getriebe:	5-Gang
Hinterradantrieb:	Kette
Rahmen:	Stahl-Einrohr
Reifen v., h.:	2.50-16, 3.00-14
Bremsen v., h.:	Trommel, Trommel
Federweg v., h.:	80 mm, 60 mm
Leergewicht:	85 kg
Tankinhalt:	6 l
Höchstgeschw.:	85 km/h
Anmerkungen:	A3 (ab 1976) mit 46 Watt Lichtmaschine und vier Ah Batterie, A4 (ab 1980) mit 84 Watt und sechs Ah.

KH 125

Die KH 125 wurde 1976 auf der IFMA in Köln erstmals vorgestellt. Das vornehmlich auf Kurzstreckenbetrieb und Einsteiger zugeschnittene Modell war aus der Enduro KE 125 abgeleitet worden und besaß im Prinzip den gleichen Drehschiebermotor mit geringfügigen Änderungen. Das Design war geprägt von der zu dieser Zeit Kawasaki-typischen Tank-/Sitzbanklinie mit abschließendem Heckbürzel. Abgesehen von den geringeren Raddurchmessern, der Straßenbereifung und den anderen Federelementen mit kürzeren Federwegen war auch das Fahrwerk im Prinzip mit dem der KE 125 identisch.

Modell:	KH 125
1. Modelljahr:	1977
Preis:	2595,– DM
Motor:	1-Zylinder-Motor, Zweitakt, fahrtwindgekühlt
Leistung:	10 PS/7,4 kW bei 6300/min
max. Drehmoment:	11,8 Nm/1,2 mkp bei 5500/min
Ventilsteuerung:	Drehschieber
Ventile pro Zyl.:	–
Hubraum:	123 ccm
Gemischaufb.:	1 Vergaser, Ø 24 mm
Getriebe:	6-Gang
Hinterradantrieb:	Kette
Rahmen:	Stahl-Einrohrrahmen
Reifen v., h.:	2.75-18, 3.00-18
Bremsen v., h.:	Scheibe, Trommel
Federweg v., h.:	110 mm, 70 mm
Leergewicht:	106 kg
Tankinhalt:	11,5 l
Höchstgeschw.:	98/110 km/h
Anmerkungen:	Seilzug-Scheibenbremse; ab 1979 (A2) mit Seitenstütze.

KS/KE 125

Die KS 125 war eine Weiterentwicklung der bereits bekannten 125 F6 mit entsprechend modernisierter Technik. Ganz neu war das Sechsganggetriebe, das dem kleinen Hüpfer trotz Hubraumhandicap zu mehr Agilität verhalf. Typisch für die Zweitaktmotoren von Kawasaki zu jener Zeit war der dem Vergaser vorgelagerte Drehschiebereinlass. Der Einschleifenrahmen aus Stahl teilte sich unter dem Motor in zwei Züge, die Hinterradschwinge war in hochwertigen Bronzebuchsen gelagert. Ab 1976 hieß die Maschine KE 125 und war auf versicherungsgünstige zehn PS leistungsreduziert, ab 1980 wurde sie der mittlerweile erhältlichen KE 175 optisch und ausstattungsmäßig angeglichen.

Modell:	KS 125/KE 125/175
1. Modelljahr:	1974/1976/1980
Preis:	2850,– DM (1974)/ 3280,– DM (1980)
Motor:	1-Zylinder-Motor, Zweitakt, fahrtwindgekühlt
Leistung:	13/10/16 PS/9,6/7,4/12 kW bei 6500/6000/min
max. Drehmoment:	14,7/12,8/19 Nm/ 1,5/1,3/1,9 mkp bei 5800/5500/5500/min
Ventilsteuerung:	Drehschieber/Membran
Ventile pro Zyl.:	–
Hubraum:	123/173 ccm
Gemischaufb.:	1 Vergaser, Ø 24/26 mm
Getriebe:	6/5-Gang
Hinterradantrieb:	Kette
Rahmen:	Stahl-Einrohrrahmen
Reifen v., h.:	2.75-21, 3.50-18/3.75-18
Bremsen v., h.:	Trommel, Trommel
Federweg v., h.:	140/200 mm, 80/120 mm
Leergewicht:	106/109/115 kg
Tankinhalt:	7,4/6,7 l/9,5
Höchstgeschw.:	105/95/115 km/h

900 Z 1

Die 1973 eingeführte 900 Z 1 Super Four stellte alles bisher Dagewesene in den Schatten – inklusive Hondas CB 750 Four. 227,85 km/h maß ein Testteam der Zeitschrift MOTORRAD als Spitzenwert auf der Nürburgring-Nordschleife. Aus den angegebenen 82 SAE-PS wurden schließlich 79 DIN-PS bei 8500/min, die für gerade mal 7200 Mark zu haben waren – im Vergleich zur direkten Konkurrenz ein Topangebot. Kritik gab's hingegen für das labile Fahrwerk, schlecht dämpfende Federelemente und hochfrequente Vibrationen, die auf Dauer Lichtmaschine und Glühbirnen zerstören konnten. Ab 1974 Modell Z 1 A mit alufarbenem Motor, ab Modell Z 1 B ohne automatische Kettenschmierung, aber mit O-Ring-Kette.

Modell:	900 Z 1 (Super Four)
1. Modelljahr:	1973
Preis:	7200,– DM
Motor:	4-Zylinder-Reihenmotor, Viertakt, fahrtwindgekühlt
Leistung:	79 PS/58 kW bei 8500/min
max. Drehmoment:	72 Nm/7,3 mkp bei 7000/min
Ventilsteuerung:	dohc
Ventile pro Zyl.:	2
Hubraum:	903 ccm
Gemischaufb.:	4 Vergaser, Ø 28 mm
Getriebe:	5-Gang
Hinterradantrieb:	Kette
Rahmen:	Doppelschleifen-Stahlrohr
Reifen v., h.:	3.25-19, 4.00-18
Bremsen v., h.:	Scheibe, Trommel
Federweg v., h.:	140 mm, 80 mm
Leergewicht:	246 kg
Tankinhalt:	18 l
Höchstgeschw.:	212 km/h
Anmerkungen:	Erstes Modell nur mit einer Scheibenbremse vorn und schwarzlackiertem Motor.

Z 1000

Mitte der Siebziger zog Kawasaki mit anderen nahmhaften Herstellern gleich, die bereits 1000er im Programm hatten. Dabei wurde der Durchmesser der Laufbuchse im Vergleich zur 900er um vier auf 70 Millimeter vergrößert. Die Z 1000 wurde gegenüber der Vorgängerin Z 900 mehr auf kultivierteren Motorlauf denn auf Spitzenleistung getrimmt. Das maximale Drehmoment stieg von 74 auf 81 Nm (1000/min früher), die Leistung betrug nun 85 statt 81 PS. Eine verschleißfestere Schwingenlagerung, eine Scheibenbremse hinten und eine Vier-in-eins-Anlage waren weitere Neuerungen.

Modell:	Z 1000 (Z1 F-A)
1. Modelljahr:	1977
Preis:	8500,– DM
Motor:	4-Zylinder-Reihenmotor, Viertakt, fahrtwindgekühlt
Leistung:	85 PS/62,5 kW bei 8000/min
max. Drehmoment:	81 Nm/8,3 mkp bei 6500/min
Ventilsteuerung:	dohc
Ventile pro Zyl.:	2
Hubraum:	1016 ccm
Gemischaufb.:	4 Vergaser, Ø 26 mm
Getriebe:	5-Gang
Hinterradantrieb:	Kette
Rahmen:	Doppelschleifen-Stahlrohr
Reifen v., h.:	3.25 H 19, 4.00 H 18
Bremsen v., h.:	Doppelscheibe, Scheibe
Federweg v., h.:	140 mm, 80 mm
Leergewicht:	256 kg
Tankinhalt:	16,5 l
Höchstgeschw.:	210 km/h
Anmerkungen:	Als A2 mit hinter den Tauchrohren montierten Bremssätteln vorn.

Z 1-R

Die Leser der Zeitschrift MOTORRAD wählten die 1977 erstmals gezeigte Maschine mit Cockpitschale zum »Motorrad des Jahres«. Dieses Verkleidungsteil war aber verantwortlich für Kritik. Denn dadurch erhöhte sich der Auftrieb am Vorderrad, und die Maschine neigte ab 160 km/h zum Pendeln um die Längsachse. Der Hauptbremszylinder vorn saß nun am linken Gabelholm und wurde vom Lenker aus per Seilzug betätigt. Die Dosierung wurde schlechter, die Verschleißanfälligkeit stieg. Die Leistung wurde zwar auf 90 PS gesteigert, dafür wirkte der Motor unter 6000/min müde.

Modell:	Z 1000 Z 1-R (Z1 F-B)
1. Modelljahr:	1978
Preis:	9968,– DM
Motor:	4-Zylinder-Reihenmotor, Viertakt, fahrtwindgekühlt
Leistung:	90 PS/66,2 kW bei 8000/min
max. Drehmoment:	81,4 Nm/8,3 mkp bei 7000/min
Ventilsteuerung:	dohc
Ventile pro Zyl.:	2
Hubraum:	1016 ccm
Gemischaufb.:	4 Vergaser, Ø 28 mm
Getriebe:	5-Gang
Hinterradantrieb:	Kette
Rahmen:	Doppelschleifen-Stahlrohr
Reifen v., h.:	3.50 V 18, 4.00 V 18
Bremsen v., h.:	Doppelscheibe, Scheibe
Federweg v., h.:	140 mm, 80 mm
Leergewicht:	260 kg
Tankinhalt:	13/22 l wahlweise
Höchstgeschw.:	212 km/h
Anmerkungen:	Schwinge in vier Nadellagern und 18- statt 19-Zoll-Vorderrad.

Z 1000 MK II

Die MK II war eindeutig dazu bestimmt, das bislang makellose und seit Anfang 1978 mit der Z 1-R befleckte Image von Kawasakis Vierzylindern wiederaufzupolieren. Bereits zur IFMA 1978 standen die Z 1000 MK II und die Z 1000 ST auf dem Stand des deutschen Importeurs. Das Vorderrad – obwohl in der Z 1-R nicht der Grund für Fahrwerksschwächen – maß nun wieder 3.25-19. Der knappe Radstand und die starken Bremsen machten die MK II zum Kurvenräuber, und auch Geradeauslaufschwächen kannte die Maschine nicht. Der Motor leistete meist mehr als die angegebenen 94 PS. Die Ehre war gerettet.

Modell:	Z 1000 MK II (KZT 00 A-A)
1. Modelljahr:	1979
Preis:	9568,– DM
Motor:	4-Zylinder-Reihenmotor, Viertakt, fahrtwindgekühlt
Leistung:	94 PS/69 kW bei 8000/min
max. Drehmoment:	86 Nm/8,8 mkp bei 7000/min
Ventilsteuerung:	dohc
Ventile pro Zyl.:	2
Hubraum:	1016 ccm
Gemischaufb.:	4 Vergaser, Ø 28 mm
Getriebe:	5-Gang
Hinterradantrieb:	Kette
Rahmen:	Doppelschleifen-Stahlrohr
Reifen v., h.:	3.25 V 19, 4.00 V 18
Bremsen v., h.:	Doppelscheibe, Scheibe
Federweg v., h.:	140 mm, 80 mm
Leergewicht:	264
Tankinhalt:	16,5 l
Höchstgeschw.:	211 km/h
Anmerkungen:	CDI-Zündung, 19-Zoll-vorn Sintermetall-Bremsbeläge, H4-Licht

Z 1000 ST

Neben der MK II entschloß sich Kawasaki gleichzeitig zu einem Tourenmodell namens ST, das ebenfalls 1978 auf der IFMA vorgestellt wurde. Die Reiseambitionen wurden deutlich an den gestiegenen Federwegen (200/100 mm vorn/hinten), einem Kardanantrieb, mehr Drehmoment, größerem Tank und den vor allem auf gute Geradeauslaufeigenschaften getrimmten Fahrwerksdaten. Die ungünstige Radlastverteilung von 37 Prozent vorn und 63 Prozent hinten machten aus der ST einen echten Wheelie-King. Bei besonnener Gashand kam man damit aber im Fahralltag problemlos zurecht.

Modell:	Z 1000 ST (KZT 00 E)
1. Modelljahr:	1979
Preis:	9968,– DM
Motor:	4-Zylinder-Reihenmotor, Viertakt, fahrtwindgekühlt
Leistung:	97 PS/71,3 kW bei 8000/min
max. Drehmoment:	90 Nm/9,2 mkp bei 7000/min
Ventilsteuerung:	dohc
Ventile pro Zyl.:	2
Hubraum:	1016 ccm
Gemischaufb.:	4 Vergaser, Ø 28 mm
Getriebe:	5-Gang
Hinterradantrieb:	Kardan
Rahmen:	Doppelschleifen-Stahlrohr
Reifen v., h.:	3.50 V 19, 4.00 V 17
Bremsen v., h.:	Doppelscheibe, Scheibe
Federweg v., h.:	200 mm, 100 mm
Leergewicht:	276 kg
Tankinhalt:	18,3 l
Höchstgeschw.:	214 km/h
Anmerkungen:	1535 mm Radstand gegenüber 1485 mm der MK II, drei PS Mehrleistung und breitere Bereifung, H4-Licht gegen Aufpreis von 50,– DM.

Z 1000 FI

Anfang 1980 erschienen erste Bilder und Informationen zur Technik der neuen Z 1000 FI. Das Motorrad basierte im Grunde genommen auf der Z 1000 MK II und war in vielen Bausteinen baugleich. Größter Unterschied war die neue Einspritzanlage, deren Steuereinheit Informationen über Drehzahl, Ansaugllufttemperatur, Zylinderkopftemperatur, Luftmenge und Drosselklappenstellung in die Berechnung des Benzin-/Luftgemischs miteinbezog. Ihr Motor lief mit der Bosch L-Jetronic in allen Drehzahlbereichen kultivierter und begeisterte mit spontaner Gasannahme. Auch wurde der Schadstoffausstoß verringert. Neu außerdem: Vier-in-eins-Anlage, Nockenwellen-Kettenspanner, H 4-Licht serienmäßig, rechteckige Spiegel und andere Lackierung.

Modell:	Z 1000 FI (KZT 00 H)
1. Modelljahr:	1980
Preis:	9960,– DM
Motor:	4-Zylinder-Reihenmotor, Viertakt, fahrtwindgekühlt
Leistung:	97 PS/71,3 kW bei 8000/min
max. Drehmoment:	89 Nm/9,1 mkp bei 7000/min
Ventilsteuerung:	dohc
Ventile pro Zyl.:	2
Hubraum:	1016 ccm
Gemischaufb.:	Benzineinspr. Bosch L-Jetronic
Getriebe:	5-Gang
Hinterradantrieb:	Kette
Rahmen:	Doppelschleifen-Stahlrohr
Reifen v., h.:	3.25 V 19, 4.00 V 18
Bremsen v., h.:	Doppelscheibe, Scheibe
Federweg v., h.:	140 mm, 80 mm
Leergewicht:	264 kg
Tankinhalt:	18,4
Höchstgeschw.:	212 km/h
Anmerkungen:	Fahrwerk und Motor von der MK II, aber mit Einspritzung und um einen Millimeter größere Ventile.

GPZ 1100

Zur IFMA 1980 zeigte Kawasaki die neue GPZ 1100 (B1), die im Vergleich zur Z 1000 FI mit größerem Hubraum, Motormodifikationen und überarbeiteter Bosch-Benzineinspritzung 100 PS leistete.
Die GPZ 1100 (B2) besaß eine Cockpitschale, eine modernere Einspritzanlage mit Schubabschaltung, Ansaugdruckfühler und am Drosselklappenstutzen positionierten Einspritzdüsen. Die vorherige Anordnung am Zylinderkopf und die dort entstehende große Hitze hatte negativen Einfluss auf den Einspritzvorgang und die Gemischtemperatur. Der Zylinderkopf selbst stammte von der neuen Z 1000 J.

Modell:	GPZ 1100 (KZT 10 B-B1/B2)
1. Modelljahr:	1981/1982
Preis:	10 360,– DM
Motor:	4-Zylinder-Reihenmotor, Viertakt, fahrtwindgekühlt
Leistung:	100 PS/74 kW bei 8000/min
max. Drehmoment:	91/86 Nm/9,3/8,8 mkp bei 7000/min
Ventilsteuerung:	dohc
Ventile pro Zyl.:	2
Hubraum:	1090 ccm
Gemischaufb.:	Benzineinspr. Bosch L-Jetronic/DFI
Getriebe:	5-Gang
Hinterradantrieb:	Kette
Rahmen:	Doppelschleifen-Stahlrohr
Reifen v., h.:	3.25 V 19, 4.25 V 18
Bremsen v., h.:	Doppelscheibe, Scheibe
Federweg v., h.:	140/145 mm, 80/104 mm
Leergewicht:	258/260 kg
Tankinhalt:	21 l
Höchstgeschw.:	221/222 km/h

GPZ 1100

1983 kam in der GPZ 1100 erstmals neben dem neuen Unitrak-System hinten auch die Halbschalenverkleidung mit neuer Tank-/Sitzbankkombination sowie stummelähnlichen Lenkerhälften zum Einsatz. Aber auch bei der übrigen Technik gab's Neues: Federwege und Radstand wurden länger, die Kastenschwinge war aus Leichtmetall und besaß Exzenter zur Einstellung der Kettenspannung. Der ungedrosselt 120 PS starke Motor nebst Einspritzanlage war in vielen Teilen modifiziert, die Einstellshims zur Ventilspielkorrektur saßen nun zwischen Tassenstößel und Federteller.

Modell:	GPZ 1100 (ZX 1100 A, KZT 10 B-A)
1. Modelljahr:	1983
Preis:	11 190,– DM
Motor:	4-Zylinder-Reihenmotor, Viertakt, fahrtwindgekühlt
Leistung:	100 PS/74 kW bei 8750/min
max. Drehmoment:	87 Nm/8,9 mkp bei 7500/min
Ventilsteuerung:	dohc
Ventile pro Zyl.:	2
Hubraum:	1090 ccm
Gemischaufb.:	Digital Fuel Injection (DFI)
Getriebe:	5-Gang
Hinterradantrieb:	Kette
Rahmen:	Doppelschleifen-Stahlrohr
Reifen v., h.:	110/90 V 18, 130/90 V 17
Bremsen v., h.:	Doppelscheibe, Scheibe
Federweg v., h.:	150 mm, 105 mm
Leergewicht:	264 kg
Tankinhalt:	20 l
Höchstgeschw.:	227 km/h
Anmerkungen:	Ab Modell A2 auch in Silber.

Z 1100 ST

Nur zwei Jahre nach Erscheinen des ersten ST-Kardanmodells präsentierte Kawasaki auf der IFMA 1980 die hubraumgesteigerte Version mit exakt 1090 Kubikzentimetern. Dabei legten die Techniker vor allem Wert auf besseren Drehmomentverlauf. Wie an der neuen GPZ 1100 (B1) war der Motor nun schwingungsentkoppelt in Silentblöcken gelagert, um die Vibrationen des immer noch rollengelagerten Triebwerks einzudämmen. Bei der Ausstattung kamen eine bequemere Sitzbank (ohne Heckbürzel), Tankanzeige, automatische Blinkerrückstellung und ein abschließbarer Helmhalter hinzu.

Modell:	Z 1100 ST (KZT 10 A)
1. Modelljahr:	1981
Preis:	10 060,– DM
Motor:	4-Zylinder-Reihenmotor, Viertakt, fahrtwindgekühlt
Leistung:	97 PS/71 kW bei 8000/min
max. Drehmoment:	Nm/9,5 mkp bei 6500/min
Ventilsteuerung:	dohc
Ventile pro Zyl.:	2
Hubraum:	1090 ccm
Gemischaufb.:	4 Vergaser, Ø 34 mm
Getriebe:	5-Gang
Hinterradantrieb:	Kardan
Rahmen:	Doppelschleifen-Stahlrohr
Reifen v., h.:	3.50 V 19, 130/90 V 16
Bremsen v., h.:	Doppelscheibe, Scheibe
Federweg v., h.:	180 mm, 95 mm
Leergewicht:	271 kg
Tankinhalt:	21,3 l
Höchstgeschw.:	212 km/h
Anmerkungen:	Aus Z 1000 ST abgeleitet, aber mit neuem Design.

Z 1000 J

Kawasaki, von Anbeginn der Z-Reihe stark im Rennsport aktiv, musste Anfang der Achtziger handeln. In der imageträchtigen Superbike-Klasse waren in den USA nach wie vor 1025 Kubikzentimeter das Limit, in Europa schrieb man von nun an 1000 Kubikzentimeter als oberste Grenze fest. Das war der Startschuss für die Z 1000 J, die exakt 999 Kubikzentimeter aufwies. Um dennoch in vorderster Reihe mitspielen zu können, erhielt das Serienmodell 34er-Gleichdruckvergaser, größere Ventile/Ventilhübe, schärfere Steuerzeiten, höhere Verdichtung und eine versteifte Querstrebe zwischen den Rahmenunterzügen. Das Modell J2 von 1982 war nicht nur in Silber, Rot und Blau, sondern auch in Schwarz lieferbar.

Modell:	Z 1000 J (KZT 00 J-J)
1. Modelljahr:	1981
Preis:	9650,– DM
Motor:	4-Zylinder-Reihenmotor, Viertakt, fahrtwindgekühlt
Leistung:	98 PS/72 kW bei 8500/min
max. Drehmoment:	86 Nm/8,8 mkp bei 7500/min
Ventilsteuerung:	dohc
Ventile pro Zyl.:	2
Hubraum:	999 ccm
Gemischaufb.:	4 Vergaser, Ø 34 mm
Getriebe:	5-Gang
Hinterradantrieb:	Kette
Rahmen:	Doppelschleifen-Stahlrohr
Reifen v., h.:	3.25 V 19, 4.25 V 18
Bremsen v., h.:	Doppelscheibe, Scheibe
Federweg v., h.:	140 mm, 80 mm
Leergewicht:	253 kg
Tankinhalt:	21,2 l
Höchstgeschw.:	211 km/h
Anmerkungen:	Modell J1 gegenüber MK II um 0,6 Millimeter verringerte Bohrung.

Z 1000 R

1981 und 1982 gewinnt Eddie Lawson in den USA den populären AMA-Superbike-Titel auf einer giftgrün lackierten Z. Kawasaki entschließt sich zu einer grünen Sonderserie auf Basis der Z 1000 J, die als Z 1000 R verkauft wird. Der Motor besitzt schärfere Nockenwellen und darauf abgestimmte Vergaser. Die Cockpitschale stammt von der GPZ-Reihe, die Federbeine mit Ausgleichsbehältern sind neu. Wegen der hierzulande gültigen Geräuschlimits muss die deutsche Version ohne die in den USA verwendete Kerker-Vier-in-eins-Auspuffanlage auskommen. Die Z 1000 R ist die erste 1000er-Kawasaki in Deutschland im typischen Grün.

Modell:	Z 1000 R (KZT 00 J-R)
1. Modelljahr:	1983
Preis:	10 590,– DM
Motor:	4-Zylinder-Reihenmotor, Viertakt, fahrtwindgekühlt
Leistung:	98 PS/72 kW bei 8500/min
max. Drehmoment:	85 Nm/8,7 mkp bei 7000/min
Ventilsteuerung:	dohc
Ventile pro Zyl.:	2
Hubraum:	999 ccm
Gemischaufb.:	4 Vergaser, Ø 34 mm
Getriebe:	5-Gang
Hinterradantrieb:	Kette
Rahmen:	Doppelschleifen-Stahlrohr
Reifen v., h.:	3.25 V 19, 4.25 V 18
Bremsen v., h.:	Doppelscheibe, Scheibe
Federweg v., h.:	145 mm, 80 mm
Leergewicht:	260 kg
Tankinhalt:	21 l
Höchstgeschw.:	223 km/h
Anmerkungen:	Limitierte Auflage von 500 Stück für Deutschland.

Z 1000 LTD

Wie andere japanische Hersteller Anfang der Achtziger leitete Kawasaki aus seinen Basismodellen Motorräder ab, die dem American Way of Drive gerecht werden sollten. Da machte man auch vor der ehrwürdigen großen Z-Reihe nicht halt. Typische Stilmittel waren hoher Lenker, tropfenförmiger Tank, Stufensitzbank, lange Gabel, kurze Endschalldämpfer, viel Chrom und ein breiter Hinterradpneu mit relativ kleinem Raddurchmesser. Der Vierzylinder blieb bis auf die entsprechend der neuen Vier-in-zwei-Auspuffanlage geänderte Vergaserabstimmung gleich. Modell K1 in Schwarz und Dunkelrot, Modell K2 1982 nur in Schwarz.

Modell:	Z 1000 LTD (KZ 00 J-K)
1. Modelljahr:	1981
Preis:	10 060,– DM
Motor:	4-Zylinder-Reihenmotor, Viertakt, fahrtwindgekühlt
Leistung:	95 PS/70 kW bei 8500/min
max. Drehmoment:	81 Nm/8,3 mkp bei 7500/min
Ventilsteuerung:	dohc
Ventile pro Zyl.:	2
Hubraum:	999 ccm
Gemischaufb.:	4 Vergaser, Ø 34 mm
Getriebe:	5-Gang
Hinterradantrieb:	Kette
Rahmen:	Doppelschleifen-Stahlrohr
Reifen v., h.:	3.25 V 19, 130/90 V 16
Bremsen v., h.:	Doppelscheibe, Scheibe
Federweg v., h.:	180 mm, 95 mm
Leergewicht:	254 kg
Tankinhalt:	15,3 l
Höchstgeschw.:	211 km/h
Anmerkungen:	Aus der Z 1000 J abgeleiteter Softchopper.

Z 1300

Der rasanten Leistungs- und Hubraumentwicklung Ende der siebziger Jahre trug Kawasaki mit der Sechszylindermaschine Z 1300 Rechnung, die als Konkurrentin zu Hondas CBX gedacht war. Umgerechnet über acht Millionen Mark verschlang die Entwicklung des neuen Flaggschiffs. Ungedrosselt leistete die Maschine 120 PS, in Deutschland blieben gemäß der Selbstbeschränkung der Importeure 99 PS übrig. Die Drosselung erfolgte über einen kleineren Luftfiltereinlass und andere Hauptdüsen. Ab 1982 spendierte man der Z 1300 eine Einspritzanlage mit Schubabschaltung und einen 27-Liter-Tank.

Modell:	1300/DFI (KZT 30 AG)
1. Modelljahr:	1979
Preis:	12 230,– DM
Motor:	6-Zylinder-Reihenmotor, Viertakt, flüssigkeitsgekühlt
Leistung:	99 PS/73 kW bei 7500/min
max. Drehmoment:	102 Nm/10,4 mkp bei 6000/min
Ventilsteuerung:	dohc
Ventile pro Zyl.:	2
Hubraum:	1286 ccm
Gemischaufb.:	3 Doppelvergaser, Ø 32 mm/ab 1982 DFI
Getriebe:	5-Gang
Hinterradantrieb:	Kardan
Rahmen:	Doppelschleifen-Stahlrohr
Reifen v., h.:	110/90 V 18, 130/90 V 17
Bremsen v., h.:	Doppelscheibe, Scheibe
Federweg v., h.:	200 mm, 105 mm
Leergewicht:	318 kg/ab 1982 326 kg
Tankinhalt:	21 l/ab 1982 27 l
Höchstgeschw.:	215 km/h
Anmerkungen:	In den USA auch als Modell Voyager mit Tourenvollverkleidung.

Z 400

Der Parallel-Zweizylinder Z 400 (G, 1974) war ursprünglich für den amerikanischen Markt konzipiert worden. Neben sportlich-schnellen Maschinen gab es dort auch eine Nachfrage nach gemütlichen Highway- und Touren-Bikes, die mit sanfter Leistungsentfaltung weniger Hektik verbreiteten. 1978 kam dann das Modell B mit Kipphebel-Einstellschrauben, Sechsganggetriebe und nadelgelagerter Schwinge. 1979 wurde der B das Modell G mit Gussrädern, gelochter Bremsscheibe und Sintermetallbelägen zur Seite gestellt.

Modell:	Z 400 (K4 D/B/G)
1. Modelljahr:	1974/1978/1979
Preis:	4400,– DM (1974)
Motor:	2-Zylinder-Reihenmotor, Viertakt, fahrtwindgekühlt
Leistung:	27/30 PS/20/22 kW bei 9000/min
max. Drehmoment:	31 Nm/3,2 mkp bei 7500/min
Ventilsteuerung:	ohc
Ventile pro Zyl.:	2
Hubraum:	398 ccm
Gemischaufb.:	2 Vergaser, Ø 32/36 mm
Getriebe:	5/6-Gang
Hinterradantrieb:	Kette
Rahmen:	Doppelschleifen-Stahlrohr
Reifen v., h.:	3.25-18, 3.50-18
Bremsen v., h.:	Scheibe, Trommel
Federweg v., h.:	110 mm, 75 mm
Leergewicht:	187 kg
Tankinhalt:	14 l
Höchstgeschw.:	135/140 km/
Anmerkungen:	G-Modell mit Kipphebel zur Ventileinstellung auf exzentrischen Achsen gelagert.

Z 440

Die hubraumgesteigerte Z 440, die es ab 1980 auch als Softchopperversion LTD gab, bot deutlich mehr Drehmoment und war auch in der 27-PS-Version eine gute Empfehlung. Das Triebwerk erhielt eine leiser laufende Steuerkette, der zusätzliche Kickstarter fiel dem Rotstift zum Opfer. Mit dem Modell C2 führte Kawasaki eine Elektronikzündung in die Z 440-Serie ein. 1982 änderte sich mit dem Modell H1 das Outfit der Z 440, eine tiefe Fahrersitzmulde und ein Chrombügel statt des Heckbürzels waren die Unterschiede. Die H2 ab 1983 hatte lediglich andere Farben.

Modell:	Z 440 (KZ 440 A, Ausf. C1/C2/H1/H2)
1. Modelljahr:	1980/1981/1982/1983
Preis:	5140,– DM (1980)
Motor:	2-Zylinder-Reihenmotor, Viertakt, fahrtwindgekühlt
Leistung:	27/36 PS/20/26 kW bei 7000/9000/min
max. Drehmoment:	max. 32/34 Nm/3,3/3,6 mkp bei 3000/6000/min
Ventilsteuerung:	ohc
Ventile pro Zyl.:	2
Hubraum:	398 ccm
Gemischaufb.:	2 Vergaser, Ø 32 mm
Getriebe:	6-Gang
Hinterradantrieb:	Kette
Rahmen:	Doppelschleifen-Stahlrohr
Reifen v., h.:	3.25-18, 3.50-18
Bremsen v., h.:	Scheibe, Trommel
Federweg v., h.:	110 mm, 75 mm
Leergewicht:	189 kg
Tankinhalt:	14 l
Höchstgeschw.:	135/155 km/h

Z 440 LTD

Nachdem Kawasaki bereits in der 650er Reihe ein Softchoppermodell namens Z 650 SR anbot, gab's ab 1980 ein weiteres Modell dieser Gattung mit 440 Kubikzentimetern. Der Paralleltwin stammte aus der Z 440, leistete, gedrosselt über längere Gasschieber, 27 PS oder entdrosselt 36 PS. Unterschiede zur Basisversion waren hochgezogener Lenker, Tropfentank, Stufensitzbank, knappe Auspufftöpfe, ein 19-Zoll-Vorderrad und ein breites 16-Zoll-Hinterrad. Der Seitenständer besaß einen Rückholmechanismus, der per Seilzug mit dem Kupplungszug gekoppelt war. Das Modell A2 von 1981 verfügte über Transistorzündung. Ab 1982 war die LTD wahlweise auch mit Belt Drive lieferbar.

Modell:	Z 440 LTD (KZ 440 A, Ausf. A1/A2)
1. Modelljahr:	1980
Preis:	5140,– DM
Motor:	2-Zylinder-Reihenmotor, Viertakt, fahrtwindgekühlt
Leistung:	27/36 PS/20/26 kW bei 7000/9000/min
max. Drehmoment:	32/34 Nm/3,3/3,6 mkp bei 3000/6000/min
Ventilsteuerung:	ohc
Ventile pro Zyl.:	2
Hubraum:	398 ccm
Gemischaufb.:	2 Vergaser, Ø 32 mm
Getriebe:	6-Gang
Hinterradantrieb:	Kette/Zahnriemen
Rahmen:	Doppelschleifen-Stahlrohr
Reifen v., h.:	3.25-19, 130/90-16
Bremsen v., h.:	Scheibe, Trommel
Federweg v., h.:	150 mm, 115 mm
Leergewicht:	184 kg
Tankinhalt:	12 l
Höchstgeschw.:	135/150 km/h

Z 750

Ab 1976 bot Kawasaki auch ein großes Tourenmotorrad mit Paralleltwin an. Im Gegensatz zu den 400er/440er-Modellen besaß die ab 1976 lieferbare Z 750 einen modernen Zylinderkopf mit zwei obenliegenden Nockenwellen und Tassenstößeln zur Ventilbetätigung. Die gleitgelagerte Kurbelwelle und zwei Ausgleichswellen sollten die bei Twins üblichen Vibrationen im Keim ersticken. Die Z 750 galt als robust und zuverlässig. 1978 und 1979 wurde die letzte Version B3 mit geänderter Bremssattelaufnahme, neuem Hauptbremszylinder und nadelgelagerter Schwinge verkauft.

Modell:	Z 750 (KZ 750 B-B1/B2)
1. Modelljahr:	1976/1977
Preis:	6500,– DM
Motor:	2-Zylinder-Reihenmotor, Viertakt, fahrtwindgekühlt
Leistung:	50 PS/37 kW bei 7000/min
max. Drehmoment:	60 Nm/6,1 mkp bei 3000/min
Ventilsteuerung:	dohc
Ventile pro Zyl.:	2
Hubraum:	745 ccm
Gemischaufb.:	2 Vergaser, Ø 38 mm
Getriebe:	5-Gang
Hinterradantrieb:	Kette
Rahmen:	Doppelschleifen-Stahlrohr
Reifen v., h.:	3.25-19, 4.00-18
Bremsen v., h.:	Scheibe, Scheibe
Federweg v., h.:	110 mm, 80 mm
Leergewicht:	235 kg
Tankinhalt:	14,5 l
Höchstgeschw.:	175 km/h
Anmerkungen:	Paralleltwin mit zwei Ausgleichswellen, gleitgelagerter Kurbelwelle, ab 1977 als B2 in neuen Farben.

Z 750 LTD

1982, als die Z 750 mit Twin-Motor längst der Vergangenheit angehörte, griff Kawasaki beim Softchopper Z 750 LTD (Y1) noch einmal auf dieses Antriebsaggregat zurück. Mit seiner Drehmomentstärke passte der Doppelnockentwin vorzüglich in den Chopper. Eine kontaktlose Transistorzündung und von 38 auf 34 Millimeter Ansaugdurchmesser reduzierte Vergaser waren die wichtigsten Änderungen am Triebwerk. Der breite Lenker war gummigelagert, die LTD besaß keinen Hauptständer. Das letzte Modell war von 1983 bis 1985 die Z 750 Belt Drive.

Modell:	Z 750 LTD (Twin, Y1)/Belt Drive
1. Modelljahr:	1982/1983
Preis:	7090,– DM
Motor:	2-Zylinder-Reihenmotor, Viertakt, fahrtwindgekühlt
Leistung:	49 PS/36 kW bei 7000/min
max. Drehmoment:	59 Nm/6,0 mkp bei 3000/min
Ventilsteuerung:	dohc
Ventile pro Zyl.:	2
Hubraum:	745 ccm
Gemischaufb.:	2 Vergaser, Ø 34 mm
Getriebe:	5-Gang
Hinterradantrieb:	Kette/Zahnriemen
Rahmen:	Doppelschleifen-Stahlrohr
Reifen v., h.:	3.25-19, 130/90-16
Bremsen v., h.:	Doppelscheibe, Trommel
Federweg v., h.:	160 mm, 85 mm
Leergewicht:	222 kg
Tankinhalt:	10,5 l
Höchstgeschw.:	170 km/h
Anmerkungen:	Modell Y1 mit Basis Z 750 Twin (B), aber hohem Lenker, breitem 16-Zoll-Hinterrad.

Z 650

Die Kurbelwelle der 650er war gleitgelagert, was weniger Vibrationsaufkommen und bessere Standfestigkeit versprach. Der Primärantrieb erfolgte per Mehrfachzahnkette statt Zahnräder (Z 900/Z 1000). Die Shims zur Einstellung des Ventilspiels saßen zwischen Tassenstößel und Ventilschaft (Z 900/1000: Tassenstößel und Nockenwelle), was mehr Drehzahlfestigkeit versprach. Das Modell C2 war silberblau lackiert und hatte Leichtmetall-Gußräder sowie eine Scheibenbremse im Hinterrad. Das Modell C3 von 1978 hatte gelochte Scheiben und Sintermetallbeläge.

Modell:	Z 650 (KZ 650 B1/B2/C2/C3)
1. Modelljahr:	1976/1978/1978
Preis:	6500,–/6700,–/7050,– DM
Motor:	4-Zylinder-Reihenmotor, Viertakt, fahrtwindgekühlt
Leistung:	66 PS/48,6 kW bei 8500/min
max. Drehmoment:	56,8 Nm/5,8 mkp bei 7000/min
Ventilsteuerung:	dohc
Ventile pro Zyl.:	2
Hubraum:	652 ccm
Gemischaufb.:	4 Vergaser, Ø 24 mm
Getriebe:	5-Gang
Hinterradantrieb:	Kette
Rahmen:	Doppelschleifen-Stahlrohr
Reifen v., h.:	3.25 H 19, 4.00 H 18
Bremsen v., h.:	Scheibe/Doppelscheibe, Trommel/Scheibe
Federweg v., h.:	140 mm, 70 mm
Leergewicht:	220 kg
Tankinhalt:	17 l
Höchstgeschw.:	193 km/h
Anmerkungen:	Vierzylinder mit gleitgelagerter Kurbelwelle.

Z 650 LTD

Die auf 2003 Exemplare limitierte Sonderserie wurde 1978 vornehmlich für einen Markencup aufgebaut. Die Zusatzbezeichnung LTD stand hier für »Limited« (Edition), stiftet aber im Zusammenhang mit dem gleichen Kürzel für die Softchopper-Baureihe Verwirrung. Im Unterschied zur Serien-650er rollt die LTD auf Gußrädern von Ronal, dank der Sportkotflügel können breitere Reifen aufgezogen werden. Eine Vollverkleidung mit H4-Scheinwerfer, der Magura-Sportlenker, ein 26-Liter-Tank, eine andere Sitzbank und andere Seitendeckel verändern die Optik. Bereits Ende 1978 werden Cup und LTD wegen mangelndem Erfolg eingestellt.

Modell:	Z 650 LTD (Cup)
1. Modelljahr:	1978
Preis:	8100,– DM
Motor:	4-Zylinder-Reihenmotor, Viertakt, fahrtwindgekühlt
Leistung:	66 PS/48,6 kW bei 8500/min
max. Drehmoment:	56,8 Nm/5,8 mkp bei 7000/min
Ventilsteuerung:	dohc
Ventile pro Zyl.:	2
Hubraum:	652 ccm
Gemischaufb.:	4 Vergaser, Ø 24 mm
Getriebe:	5-Gang
Hinterradantrieb:	Kette
Rahmen:	Doppelschleifen-Stahlrohr
Reifen v., h.:	100/90 H 19, 120/90 H 18
Bremsen v., h.:	Doppelscheibe, Scheibe
Federweg v., h.:	140 mm, 70 mm
Leergewicht:	228 kg
Tankinhalt:	26 l
Höchstgeschw.:	200 km/h

Z 650 SR

Als das Chopperfieber Ende der Siebziger auch nach Europa herüberschwappte, reagierten die Japaner als Erste. Kawasaki baute im Handumdrehen aus seiner erfolgreichen Z 650 ein adäquates Softchoppermodell namens SR mit einer langen Telegabel, die die geometrischen Daten des Fahrwerks geringfügig auf Geradeauslauf trimmte. Hinzu kamen 14,3-Liter-Tropfentank, Stufensitzbank, Chrominstrumente, 130er-Hinterradreifen in 16-Zoll-Radgröße und ein Highwaylenker. Die gewundenen Auspuffkrümmer sahen zwar schick aus, kosteten im mittleren Drehzahlbereich aber Leistung.

Modell:	Z 650 SR (KZ 650 D)
1. Modelljahr:	1979
Preis:	7185,– DM
Motor:	4-Zylinder-Reihenmotor, Viertakt, fahrtwindgekühlt
Leistung:	65 PS/48 kW bei 8500/min
max. Drehmoment:	57 Nm/5,8 mkp bei 7000/min
Ventilsteuerung:	dohc
Ventile pro Zyl.:	2
Hubraum:	652 ccm
Gemischaufb.:	4 Vergaser, Ø 24 mm
Getriebe:	5-Gang
Hinterradantrieb:	Kette
Rahmen:	Doppelschleifen-Stahlrohr
Reifen v., h.:	3.50 H 19, 130/90 H 16
Bremsen v., h.:	Doppelscheibe, Scheibe
Federweg v., h.:	140 mm, 80 mm
Leergewicht:	236 kg
Tankinhalt:	14,3 l
Höchstgeschw.:	178 km/h
Anmerkungen:	Gegenüber Basismodell mit anderer Telegabel.

Z 650 F

Bereits aus dem Programm genommen, kehrte die Z 650 als Modell F 1981 noch einmal zurück. Die erste Version, die F2, hatte bereits viele Verbesserungen, die von der Z 750 E übernommen werden konnten. Dazu zählten vor allem eine Zahnkette zur Nockenwelle, Transistorzündung und viele Fahrwerksteile. Bereits 1982 kam das Modell F3 mit Gleichdruckvergasern, die die Leistungsentfaltung etwas harmonischer gestalteten. Hinzu kamen lackierte Kotflügel. Das letzte Modell, die F4 von 1983, hatte einen etwas eckiger geformten Motor.

Modell:	Z 650 F (KZ 650 F2/F3/F4)
1. Modelljahr:	1981/1982/1983
Preis:	7160,– DM
Motor:	4-Zylinder-Reihenmotor, Viertakt, fahrtwindgekühlt
Leistung:	67 PS/49 kW bei 9000/min
max. Drehmoment:	54 Nm/5,5 mkp bei 7500/min
Ventilsteuerung:	dohc
Ventile pro Zyl.:	2
Hubraum:	652 ccm
Gemischaufb.:	4 Vergaser, Ø 24 mm/ 30 mm (ab F3)
Getriebe:	5-Gang
Hinterradantrieb:	Kette
Rahmen:	Doppelschleifen-Stahlrohr
Reifen v., h.:	3.25 H 19, 4.00 H 18
Bremsen v., h.:	Doppelscheibe, Scheibe
Federweg v., h.:	160 mm, 90 mm
Leergewicht:	226 kg
Tankinhalt:	17 l
Höchstgeschw.:	190 km/h

Z 750 E/L

Der von der Z 650 abstammende, um vier Millimeter aufgebohrte Vierzylinder bot hervorragende Fahrleistungen, vor allem in Verbindung mit dem handlichen Fahrwerk. Der neue Rahmen war an einigen Stellen mit verstärkenden Knotenblechen versehen. Daneben gab's nun eine Mehrfachzahnkette zur Nockenwelle sowie einen automatischen Steuerkettenspanner, die sich aber als anfällig erwiesen. Das Modell L von 1981 besaß einen 22-Liter-Tank und eine andere Tank-/Sitzbanklinie.
Ab 1985 hatte die so genannte Z 750 Sport (L4) 80 PS, einen eckigen Scheinwerfer und eine neue Linienführung.

Modell:	Z 750 E/L (KZ 750 E-E/R)
1. Modelljahr:	1980/1981
Preis:	7460,–/7660,– DM
Motor:	4-Zylinder-Reihenmotor, Viertakt, fahrtwindgekühlt
Leistung:	77 PS/57 kW bei 9500/min
max. Drehmoment:	63 Nm/6,4 mkp bei 7500/min
Ventilsteuerung:	dohc
Ventile pro Zyl.:	2
Hubraum:	739 ccm
Gemischaufb.:	4 Vergaser, Ø 34 mm
Getriebe:	5-Gang
Hinterradantrieb:	Kette
Rahmen:	Doppelschleifen-Stahlrohr
Reifen v., h.:	3.25 H 19, 4.00 H 18
Bremsen v., h.:	Doppelscheibe, Scheibe
Federweg v., h.:	160 mm, 90 mm
Leergewicht:	228/232 kg
Tankinhalt:	17,3/21 l
Höchstgeschw.:	203 km/h
Anmerkungen:	Z 750 E mit Nockenwellenantrieb per Mehrfachzahnkette, automatischem Steuerkettenspanner.

Z 750 LTD

Wie man es bereits von anderen Modellen her kannte, baute Kawasaki aus dem Standardmodell Z 750 E1 eine Softchoppervariante LTD (H1, 1980). Typische Chopper-Stilelemente und eine auf 74 PS reduzierte Leistung waren die grundlegenden Änderungen. Der 13-Liter-Tank war aber wie bei anderen LTD-Modellen zu klein und reichte gerade mal für knapp 180 Kilometer. Ab dem Modell H2 spendierte Kawasaki der LTD selbstrückstellende Blinker, ab dem Modell H3 war die vorn klappbare Sitzbank nur noch einteilig.
1983 (H4) gab's schließlich noch einen Leistungszuschlag von zwei PS.

Modell:	Z 750 LTD (KZ 750 E-H1/H2/H3/H4)
1. Modelljahr:	1980/1981/1982/1983
Preis:	7860,– DM (1980)
Motor:	4-Zylinder-Reihenmotor, Viertakt, fahrtwindgekühlt
Leistung:	74/76 PS/54/56 kW bei 9000/min
max. Drehmoment:	62 Nm/6,3 mkp bei 8000/min
Ventilsteuerung:	dohc
Ventile pro Zyl.:	2
Hubraum:	739 ccm
Gemischaufb.:	4 Vergaser, Ø 34 mm
Getriebe:	5-Gang
Hinterradantrieb:	Kette
Rahmen:	Doppelschleifen-Stahlrohr
Reifen v., h.:	3.25 H 19, 130/90 H 16
Bremsen v., h.:	Doppelscheibe, Scheibe
Federweg v., h.:	180 mm, 100 mm
Leergewicht:	225 kg
Tankinhalt:	13 l
Höchstgeschw.:	170 km/h

GPZ 750

Anfang der achtziger Jahre waren schnelle Motorräder mit moderner Technik gefragt. Als Kawasaki mit dem bekannten 750er-Vierzylinder im Modell GPZ zum neuen Schlag ausholte, glaubte keiner zunächst so richtig an einen Erfolg. Doch der Zweiventiler überraschte mit tollen Fahrleistungen, vor allem in punkto Durchzug. Der Motor besaß eine ganze Reihe von Verbesserungen, darunter neue reibungsärmere Kolbenringe, neue Vergaser von Mikuni, eine neue Auspuffanlage, einen Ölkühler und drei PS mehr Leistung. Am Fahrwerk gab's eine neue Schwinge und eine luftunterstützte Telegabel.

Modell:	GPZ 750 (KZ 750 E-R1)
1. Modelljahr:	1981
Preis:	8180,– DM
Motor:	4-Zylinder-Reihenmotor, Viertakt, fahrtwindgekühlt
Leistung:	80 PS/59 kW bei 9500/min
max. Drehmoment:	64 Nm/6,5 mkp bei 7500/min
Ventilsteuerung:	dohc
Ventile pro Zyl.:	2
Hubraum:	739 ccm
Gemischaufb.:	4 Vergaser, Ø 34 mm
Getriebe:	5-Gang
Hinterradantrieb:	Kette
Rahmen:	Doppelschleifen-Stahlrohr
Reifen v., h.:	100/90 V 19, 120/90 V 18
Bremsen v., h.:	Doppelscheibe, Scheibe
Federweg v., h.:	150 mm, 111 mm
Leergewicht:	237 kg
Tankinhalt:	21,7 l
Höchstgeschw.:	204 km/h
Anmerkungen:	Cockpitverkleidung, Display, elektr. Tachometer, 21,7-Liter-Tank.

Z 750 GT

Nach Z 1300 und Z 1000/1100 ST versuchte Kawasaki 1982 auch in der Mittelklasse sein Glück mit einem Kardantourer. Die Z 750 GT wurde aus dem Modell Z 750 E/L abgeleitet. Wie bei der neuen GPZ war der Vierzylindermotor in Silentblöcken gelagert, um die hochfrequenten Vibrationen einzudämmen. Der Ölkühler sollte den Temperaturhaushalt auch unter südlicher Sonne in Schach halten. Die luftunterstützten Federelemente erwiesen sich ebenso wie die breit und lang gepolsterte Sitzbank als komfortabel. Der 24 Liter fassende Tank garantierte ordentliche Reichweiten.

Ab 1984 (P3) hatte die GT eine Elektronikzündung. Bis 1989 stand die Kardan-Kawa im Programm.

Modell:	Z 750 GT (KZ 750 E-P1/P2/P3/P4)
1. Modelljahr:	1982/1983/1984/1985
Preis:	8300,– DM (1982)
Motor:	4-Zylinder-Reihenmotor, Viertakt, fahrtwindgekühlt
Leistung:	78 PS/57 kW bei 9500/min
max. Drehmoment:	63 Nm/6,4 mkp bei 7500/min
Ventilsteuerung:	dohc
Ventile pro Zyl.:	2
Hubraum:	739 ccm
Gemischaufb.:	4 Vergaser, Ø 34 mm
Getriebe:	5-Gang
Hinterradantrieb:	Kardan
Rahmen:	Doppelschleifen-Stahlrohr
Reifen v., h.:	100/90 H 19, 120/90 H 18
Bremsen v., h.:	Doppelscheibe, Scheibe
Federweg v., h.:	160 mm, 100 mm
Leergewicht:	243 kg
Tankinhalt:	24 l
Höchstgeschw.:	203 km/h

GPZ 750

Der Zweiventiler war mit der GPZ 750 R1 noch nicht ausgereizt: Auf der IFMA 1982 stand die neue GPZ 750, intern ZX 750 A1 getauft. Dank neuem Zylinderkopf, größeren Ventilen, neuer Nockenwellen mit anderen Steuerzeiten und Ventilhüben sowie modifizierten Kolben brachte es der Vierzylinder auf stramme 87 PS bei 9500/min. Die ZX wollte aber im Vergleich zur R1 gedreht und geschaltet werden. Bereits im März 1983 starteten Wes Cooley und Wayne Rainey mit der Neuen in Daytona, Rainey gewann mit dem giftgrünen Renner im gleichen Jahr die AMA-Superbike/Meisterschaft.

Die A2 von 1984 kam mit neuer Halbschale, Tank-Display, Telegabel mit Anti-Dive, 18-Zoll-Vorderrad und Unitrak. Ab 1985 (A3) mit Vollverkleidung.

Modell:	GPZ 750 (ZX750 A1/A2/A3)
1. Modelljahr:	1983/1984/1985
Preis:	8790,– DM (1983)
Motor:	4-Zylinder-Reihenmotor, Viertakt, fahrtwindgekühlt
Leistung:	87 PS/64 kW bei 9500/min
max. Drehmoment:	70 Nm/7,1 mkp bei 7500/min
Ventilsteuerung:	dohc
Ventile pro Zyl.:	2
Hubraum:	739 ccm
Gemischaufb.:	4 Vergaser, Ø 34 mm
Getriebe:	5-Gang
Hinterradantrieb:	Kette
Rahmen:	Doppelschleifen-Stahlrohr
Reifen v., h.:	110/90 V 18, 130/90 V 18
Bremsen v., h.:	Doppelscheibe, Scheibe
Federweg v., h.:	160 mm, 130 mm
Leergewicht:	241 kg
Tankinhalt:	18 l
Höchstgeschw.:	217 km/h

Z 750 Turbo

Als die Z 750 Turbo von Kawasaki 1983 auf den Markt kam, war schnell klar, dass es sich um das wohl ausgereiffeste Motorrad dieser Gattung handelte. Die Leistung setzte im turbowirksamen Bereich (maximaler Ladedruck 0,73 Bar) sanft ein und war daher gut beherrschbar. Der Motor stammte von der GPZ 750, war aber mit dem Z 650-Zylinderkopf und deren kleineren Ventilen ausgestattet. Die Kolben besaßen dickere Wandungen und flachere Böden, die Verdichtung lag bei 7,8 statt 9,5. Zudem waren alle Übersetzungsverhältnisse geändert und das Motorgehäuse verstärkt.

Modell:	Z 750 Turbo (ZX 750 E1/E2)
1. Modelljahr:	1983/1984
Preis:	11 190,– DM (1983)
Motor:	4-Zylinder-Reihenmotor, Viertakt, fahrtwindgekühlt, Turbolader
Leistung:	100 PS/74 kW bei 9000/min
max. Drehmoment:	99 Nm/10,1 mkp bei 6500/min
Ventilsteuerung:	dohc
Ventile pro Zyl.:	2
Hubraum:	739 ccm
Gemischaufb.:	Digital Fuel Injection (DFI)
Getriebe:	5-Gang
Hinterradantrieb:	Kette
Rahmen:	Doppelschleifen-Stahlrohr
Reifen v., h.:	110/90 V 18, 130/80 V 18
Bremsen v., h.:	Doppelscheibe, Scheibe
Federweg v., h.:	130 mm, 105 mm
Leergewicht:	254 kg
Tankinhalt:	18 l
Höchstgeschw.:	225 km/h

Z 500

Bei Kawasaki sah man die Z 500 in der Tradition des schnellen Zweitakters 500 H1 – eine Halblitermaschine mit toller Fahrdynamik, hier aber mit zuverlässigem Viertaktmotor. Das Aggregat war kurzhubig und damit auf maximale Leistungsausbeute sowie Drehfreude ausgelegt. Offen leistete die 500er 52 PS, für Deutschland blieben wegen der Versicherungsstaffelung exakt 50 davon übrig. 5,7 Sekunden für den Sprint auf 100 km/h und 180 km/h Spitze erreichte die Z 500 in Tests. Der modern aufgebaute Motor hatte eine gleitgelagerte Kurbelwelle, die Kontaktzündung war aber nicht mehr zeitgemäß.

Modell:	Z 500 (KZ 500 B1)
1. Modelljahr:	1979
Preis:	6218,– DM
Motor:	4-Zylinder-Reihenmotor, Viertakt, fahrtwindgekühlt
Leistung:	50 PS/37 kW bei 9000/min
max. Drehmoment:	43 Nm/4,4 mkp bei 7500/min
Ventilsteuerung:	dohc
Ventile pro Zyl.:	2
Hubraum:	498 ccm
Gemischaufb.:	4 Vergaser, Ø 22 mm
Getriebe:	6-Gang
Hinterradantrieb:	Kette
Rahmen:	Doppelschleifen-Stahlrohr
Reifen v., h.:	3.25 H 19, 3.75 H 18
Bremsen v., h.:	Doppelscheibe, Scheibe
Federweg v., h.:	180 mm, 100 mm
Leergewicht:	210 kg
Tankinhalt:	15 l
Höchstgeschw.:	180 km/h
Anmerkungen:	Völlig neu entwickelter Reihenvierzylinder mit kurzem Bohrungs-/Hubverhältnis.

Z 550 LTD

Noch vor der IFMA 1980 stellte Kawasaki sein neues Stoftchoppermodell und damit die erste 550er vor. Z 550 und GPZ 550 folgten zur IFMA. Der von der Z 500 stammende Motor wies nun eine um drei Millimeter größere Bohrung auf (Hub 52,4 mm) und entwickelte geringfügig mehr Drehmoment. In den Fahrleistungen war der Unterschied aber deutlich, allein in der Beschleunigung von null auf 100 km/h war die LTD mit 5,4 Sekunden drei Zehntel schneller. Die Fahrwerksdaten waren aufgrund der neuen langen Gabel mehr in Richtung Geradeauslauf getrimmt.
Die C2 von 1981 kam mit Benzinwarnleuchte und Blinkerrückstellung, die C3 1982 und die C4 1983 erhielten ein anderes Dekor.

Modell:	Z 550 LTD (C1/C2/C3/C4)
1. Modelljahr:	1980/1981/1982/1983
Preis:	6460,– DM (1980)
Motor:	4-Zylinder-Reihenmotor, Viertakt, fahrtwindgekühlt
Leistung:	50 PS/37 kW bei 8500/min
max. Drehmoment:	45 Nm/4,6 mkp bei 7000/min
Ventilsteuerung:	dohc
Ventile pro Zyl.:	2
Hubraum:	554 ccm
Gemischaufb.:	4 Vergaser, Ø 22 mm
Getriebe:	6-Gang
Hinterradantrieb:	Kette
Rahmen:	Doppelschleifen-Stahlrohr
Reifen v., h.:	3.25 S 19, 130/90 S 16
Bremsen v., h.:	Doppelscheibe, Trommel
Federweg v., h.:	180 mm, 95 mm
Leergewicht:	211 kg
Tankinhalt:	12,7 l
Höchstgeschw.:	178 km/h

Z 550

Zur IFMA 1980 zeigte Kawasaki endlich auch sein Standardmodell mit dem neuen 550er Motor. Obwohl primär eher wegen den 550er-Konkurrenzmodellen aufgebohrt, bot die Z 550 eindeutig bessere Fahrleistungen als die 500er. Nur in der Spitze (173 km/h) rannten ihr die alte Version (180 km/h) und die neue LTD (178 km/h) kurioserweise davon. Vor allem im Durchzug war der Hubraumzuwachs aber deutlich spürbar. Zudem war die Z 550 sehr handlich und hatte gute Bremsen. Natürlich besaß die Neue auch die kontaktlose Zündanlage. Kritik erfuhr sie wegen des schlecht dosierbaren Chokes.

Modell:	Z 550 (KZ 550 B2/B3)
1. Modelljahr:	1981/1982
Preis:	6140,– DM (1981)
Motor:	4-Zylinder-Reihenmotor, Viertakt, fahrtwindgekühlt
Leistung:	50 PS/37 kW bei 8500/min
max. Drehmoment:	45 Nm/4,6 mkp bei 7000/min
Ventilsteuerung:	dohc
Ventile pro Zyl.:	2
Hubraum:	554 ccm
Gemischaufb.:	4 Vergaser, Ø 22 mm
Getriebe:	6-Gang
Hinterradantrieb:	Kette
Rahmen:	Doppelschleifen-Stahlrohr
Reifen v., h.:	3.25 H 19, 3.75 H 18
Bremsen v., h.:	Doppelscheibe, Scheibe
Federweg v., h.:	180 mm, 120 mm
Leergewicht:	216 kg
Tankinhalt:	14,5 l
Höchstgeschw.:	173 km/h
Anmerkungen:	Modell B3 1982 neben Rot- und Dunkelblaumetallic nun auch in Silber.

GPZ 550

Das Baukastensystem von Kawasaki machte es möglich: Neben Z 550 und Z 550 LTD gab's eine sportliche Version namens GPZ im Stil der großen Vierzylinder. Die auf der IFMA 1980 vorgestellte GPZ 550 hatte es in sich: Höherverdichtende Kolben, größere Ventile, Nockenwellen mit schärferen Steuerzeiten, Vergaser mit 24 statt 22 Millimeter Ansaugdurchmesser und angeglichene Kanäle ließen die Leistung auf stramme 58 PS bei 9000/min ansteigen. Damit lief die GPZ echte 183 km/h, der Durchzug war etwas schlechter als bei der Z 550. Eine kleine Cockpitverkleidung sorgte für etwas Windschutz.

Modell:	GPZ 550 (KZ 550 D1)
1. Modelljahr:	1981
Preis:	6460,– DM
Motor:	4-Zylinder-Reihenmotor, Viertakt, fahrtwindgekühlt
Leistung:	58 PS/43 kW bei 9000/min
max. Drehmoment:	48 Nm/4,9 mkp bei 8000/min
Ventilsteuerung:	dohc
Ventile pro Zyl.:	2
Hubraum:	554 ccm
Gemischaufb.:	4 Vergaser, Ø 24 mm
Getriebe:	6-Gang
Hinterradantrieb:	Kette
Rahmen:	Doppelschleifen-Stahlrohr
Reifen v., h.:	3.25 H 19, 3.75 H 18
Bremsen v., h.:	Doppelscheibe, Scheibe
Federweg v., h.:	180 mm, 120 mm
Leergewicht:	216 kg
Tankinhalt:	14,5 l
Höchstgeschw.:	183 km/h

GPZ 550

Mit neuem Fahrwerk (62,5 statt 63 Grad Lenkkopfwinkel, Nachlauf 110 statt 98 mm und Radstand 1450 statt 1395 mm) präsentierte sich die neue GPZ 550. Was heute aber als klarer Fortschritt und Standard angesehen wird, galt 1982 eher als eine Modeerscheinung. Die Rede ist vom neuen Unitrak-Federungssystem bei Kawasaki. Das Zentralfederbein wurde nicht direkt, sondern von einer Umlenkhebelei angelenkt. Das brachte dank mehr Progression ein feineres Ansprechverhalten und unterm Strich mehr Federweg. Daneben machte die GPZ 550 H1 dank neuer Vergaser und schärferer Nockenwellen gleich noch ein paar PS mehr locker. 1983 kam das quasi unveränderte Modell H2, ehe 1984 die gleichnamige Nachfolgerin (intern: ZX 550 A1) auf den Plan trat.

Modell:	GPZ 550 (KZ 550 H1/H2)
1. Modelljahr:	1982/1983
Preis:	6840,– DM (1982)
Motor:	4-Zylinder-Reihenmotor, Viertakt, fahrtwindgekühlt
Leistung:	62 PS/46 kW bei 9500/min
max. Drehmoment:	48 Nm/4,9 mkp bei 8500/min
Ventilsteuerung:	dohc
Ventile pro Zyl.:	2
Hubraum:	554 ccm
Gemischaufb.:	4 Vergaser, Ø 26 mm
Getriebe:	6-Gang
Hinterradantrieb:	Kette
Rahmen:	Doppelschleifen-Stahlrohr
Reifen v., h.:	3.25 H 19, 4.00 H 18
Bremsen v., h.:	Doppelscheibe, Scheibe
Federweg v., h.:	180 mm, 140 mm
Leergewicht:	210 kg
Tankinhalt:	18,5 l
Höchstgeschw.:	194 km/h

Z 550 F

Im Schatten der sportlichen GPZ-Schwester entwickelte sich auch das Basismodell Z 550 stets weiter und profitierte von deren technischen Neuerungen. Auffallendste Gemeinsamkeit war das Unitrak-Fahrwerk, das fast unverändert für die F übernommen wurde. Nur die Geometrie war laut Kawasaki leicht modifiziert. Am Hinterrad verzögerte statt einer Scheiben- eine Trommelbremse. Außerdem verzichtete die F auf eine Cockpitverkleidung. Den Motor hatte man mit Hilfe von anderen Nockenwellen mit weniger Ventilhub und niedrigerer Verdichtung (9,5 statt 10,0) auf versicherungsgünstige 50 PS bei 8500/min gedrosselt.

Modell:	Z 550 F (ZR 550 A1/A2)/ Z 550 Sport
1. Modelljahr:	1983/1984/1985
Preis:	6590,– DM (1983)
Motor:	4-Zylinder-Reihenmotor, Viertakt, fahrtwindgekühlt
Leistung:	50 PS/37 kW bei 8500/min
max. Drehmoment:	46 Nm/4,7 mkp bei 7000/min
Ventilsteuerung:	dohc
Ventile pro Zyl.:	2
Hubraum:	554 ccm
Gemischaufb.:	4 Vergaser, Ø 26 mm
Getriebe:	6-Gang
Hinterradantrieb:	Kette
Rahmen:	Doppelschleifen-Stahlrohr
Reifen v., h.:	3.25 H 19, 4.00 H 18
Bremsen v., h.:	Doppelscheibe, Trommel
Federweg v., h.:	180 mm, 140 mm
Leergewicht:	208 kg
Tankinhalt:	18,5 l
Höchstgeschw.:	184 km/h
Anmerkungen:	Modell A2 nur andere Farben, ab 1985 als »Z 550 Sport«.

Z 550 GT

Nach der 1982 erschienenen Z 750 GT versuchte sich Kawasaki 1983 auch in der heißumkämpften 550er Klasse mit einem Tourenmodell. Auffallendste Unterschiede zur gleichzeitig erschienenen Z 550 F waren der Kardanantrieb, der wegen der kraftraubenden Umlenkung eine kürzere Sekundärübersetzung nötig machte. Ein Ölkühler sollte auch bei Touren in südliche Gefilde Standfestigkeit garantieren. Außerdem besaß die GT luftunterstützte Duo-Federbeine statt der Unitrak-Hinterradfederung der F. Das Fahrwerk war auf Geradeauslauf getrimmt. Einen Gepäckträger gab's serienmäßig.

Modell:	Z 550 GT (KZ 550 B-G1/G2)
1. Modelljahr:	1983/1984
Preis:	7190,– DM (1983)
Motor:	4-Zylinder-Reihenmotor, Viertakt, fahrtwindgekühlt
Leistung:	50 PS/37 kW bei 8500/min
max. Drehmoment:	46 Nm/4,7 mkp bei 7000/min
Ventilsteuerung:	dohc
Ventile pro Zyl.:	2
Hubraum:	554 ccm
Gemischaufb.:	4 Vergaser, Ø 26 mm
Getriebe:	6-Gang
Hinterradantrieb:	Kette
Rahmen:	Doppelschleifen-Stahlrohr
Reifen v., h.:	100/90 H 19, 120/90 H 18
Bremsen v., h.:	Doppelscheibe, Trommel
Federweg v., h.:	160 mm, 105 mm
Leergewicht:	221 kg
Tankinhalt:	21,5 l
Höchstgeschw.:	177 km/h

GPZ 550

Die letzte und wahrscheinlich beste Evolutionsstufe der schnellen 550er-Flotte von Kawasaki stellte eindeutig die 1984 erschienene GPZ 550 mit internem Kürzel ZX 550 A1 dar. Neben einer neuen Tank-/Sitzbanklinie und Halbschale im Stil der großen Vierzylinder besaß das Motorrad einen noch einmal erstarkten Motor, der es auf 65 PS bei 10500/min brachte. Damit war man gegen die Konkurrenz gewappnet. Das Fahrwerk wurde mit geänderten geometrischen Daten und 18-Zoll-Vorderrad auf Handlichkeit getrimmt. Das Infopanel auf dem Tank erschwerte die Anbringung eines Tankrucksacks. Weitere Unterschiede zum Vormodell: 27er-Vergaser, Nockenwellen mit längeren Öffnungszeiten, 95 mm Nachlauf, 64 Grad Lenkkopfwinkel, 1445 mm Radstand.

Modell:	GPZ 550 (ZX 550 A1)
1. Modelljahr:	1984
Preis:	7690,– DM
Motor:	4-Zylinder-Reihenmotor, Viertakt, fahrtwindgekühlt
Leistung:	65 PS/48 kW bei 10500/min
max. Drehmoment:	50 Nm/5,1 mkp bei 8500/min
Ventilsteuerung:	dohc
Ventile pro Zyl.:	2
Hubraum:	554 ccm
Gemischaufb.:	4 Vergaser, 27 mm
Getriebe:	6-Gang
Hinterradantrieb:	Kette
Rahmen:	Doppelschleifen-Stahlrohr
Reifen v., h.:	110/90 H 18, 120/80 H 18
Bremsen v., h.:	Doppelscheibe, Scheibe
Federweg v., h.:	160 mm, 130 mm
Leergewicht:	204 kg
Tankinhalt:	18 l
Höchstgeschw.:	198 km/h

Z 400 F

Die 1980 erschienene Z 400 F (Four) kam als Ergänzung zur 550er-Reihe mit 27 PS nach Deutschland. Die ehemals 43 PS hatte man mit Hilfe von halbmondförmigen Leichtmetallringen für den Ansaugtrakt und anderen Hauptdüsen zurechtgestutzt. 1984 kam die B1 mit Unitrak-Fahrwerk der GPZ 400. Der Motor hatte die gleiche Verdichtung von 9,7 : 1 und die dicken 26er-Vergaser der GPZ. Auch die Leistungsdaten stimmten überein, lediglich in der entdrosselten Version machte die GPZ fünf PS mehr mobil. Auffallender Unterschied zur sportlichen Schwester war die Trommel- statt einer Scheibenbremse hinten.

Modell:	Z 400 F (KZ 400 J1/J2/J3/B1)
1. Modelljahr:	1980/1981/1982/1984
Preis:	5420,– DM (1980)/ 5850,– DM (1984)
Motor:	4-Zylinder-Reihenmotor, Viertakt, fahrtwindgekühlt
Leistung:	27 PS/20 kW bei 8000/9000/min
max. Drehmoment:	28/25 Nm/2,9/2,6 mkp bei 6500/min
Ventilsteuerung:	dohc
Ventile pro Zyl.:	2
Hubraum:	399 ccm
Gemischaufb.:	4 Vergaser, Ø 21/26 mm
Getriebe:	6-Gang
Hinterradantrieb:	Kette
Rahmen:	Doppelschleifen-Stahlrohr
Reifen v., h.:	3.25 H 19/90/90-19, 3.75 H 18/110/90-18
Bremsen v., h.:	Doppelscheibe, Trommel/Scheibe
Federweg v., h.:	180/175 mm, 100/140 mm
Leergewicht:	210/200 kg
Tankinhalt:	16,5/18,5 l
Höchstgeschw.:	154/142 km/h

GPZ 400

Auch die 400er-Riege profitierte von den technischen Neuerungen der großen Schwestern. So kam an der 1983 erschienenen GPZ 400 das bewährte Unitrak-Fahrwerk zum Einsatz, das mehr Federweg und besseres Ansprechverhalten versprach. Der kleine Reihenvierzylinder war im Gegensatz zur Z 400 Four über längere Gasschieber gedrosselt – eine Maßnahme, die bei Kawasaki später vielfach Anwendung fand. Die GPZ hatte hinten eine Scheibenbremse. 1985 kam die GPZ 400 mit neuer Halbschale und Tank-/Sitzbankkombination, Tank-Checkpanel, 18-Zoll-Vorderrad, Anti Dive sowie 30er-Vergasern.

Modell:	GPZ 400 (KZ 400 J, Ausf. M/ZX)
1. Modelljahr:	1983/1985
Preis:	5950,–/6690,– DM
Motor:	4-Zylinder-Reihenmotor, Viertakt, fahrtwindgekühlt
Leistung:	27 PS/20 kW bei 9000/10000/min
max. Drehmoment:	25,5/26 Nm/2,6/2,7 mkp bei 4000/min
Ventilsteuerung:	dohc
Ventile pro Zyl.:	2
Hubraum:	399 ccm
Gemischaufb.:	4 Vergaser, Ø 26/30 mm
Getriebe:	6-Gang
Hinterradantrieb:	Kette
Rahmen:	Doppelschleifen-Stahlrohr
Reifen v., h.:	90/90-19/100/90 H 18, 110/90-18/110/90 H 18
Bremsen v., h.:	Doppelscheibe, Scheibe
Federweg v., h.:	175/160 mm, 140/130 mm
Leergewicht:	202 kg
Tankinhalt:	18,5/18 l
Höchstgeschw.:	142/145 km/h

Z 200

Die Z 200, auf der IFMA 1976 vorgestellt, war das klassische Beispiel für ein Brot-und-Butter-Motorrad. Der einfach aufgebaute Single war von vornherein nicht auf Leistung getrimmt. Eine obenliegende Nockenwelle und zwei Ventile, die von Kipphebeln mit Einstellschrauben betätigt wurden, steuerten den Gashaushalt. Auf der linken Seite des Motors saßen Lichtmaschine und Anlasserfreilauf – die 200er hatte neben dem Kick- auch einen alltagsfreundlichen Elektrostarter. Sportliche Fahrweise quittierte die Z 200 mit übermäßigem Verschleiß.
Ab 1978 erhielt die 200er eine verstärkte Kupplung und einen geänderten Zündzeitpunkt, ab 1979 wurde die Nockenwellenlagerung im Zylinderkopf verbreitert.

Modell:	Z 200 (A1)
1. Modelljahr:	1977
Preis:	2950,– DM
Motor:	1-Zylinder-Motor, Viertakt, fahrtwindgekühlt
Leistung:	17 PS/13 kW bei 8000/min
max. Drehmoment:	15,3 Nm/1,56 mkp bei 7000/min
Ventilsteuerung:	ohc
Ventile pro Zyl.:	2
Hubraum:	197 ccm
Gemischaufb.:	1 Vergaser, Ø 26 mm
Getriebe:	5-Gang
Hinterradantrieb:	Kette
Rahmen:	Stahl-Einrohrrahmen
Reifen v., h.:	2.75-18, 3.25-17
Bremsen v., h.:	Scheibe, Trommel
Federweg v., h.:	120, 70 mm
Leergewicht:	145 kg
Tankinhalt:	9 l
Höchstgeschw.:	120 km/h

KL 250

Dem Boom der Viertakt-Einzylinder-Enduros folgend, entwickelte Kawasaki die KL 250, die technisch auf dem Modell Z 200 aufbaute. Eine vergrößerte Bohrung und ein längerer Hub (70 x 64 Millimeter) sorgten für mehr Drehmoment. Der Vergaser maß jetzt 28 statt 26 Millimeter im Durchlass. Zudem inplantierte man eine leistungsfähigere Ölpumpe. 1981 stellte Kawasaki die modellgepflegte Variante A4 vor, die einen mattschwarz lackierten Motor, einen hochverlegten Auspuffkrümmer, längere Federwege, einen größeren Tank sowie andere Seitendeckel und Kotflügel hatte. Das Modell A5 kam mit CDI-Zündung und luftunterstützter Telegabel.

Modell:	KL 250 (KL 250 A1-A5)
1. Modelljahr:	1977
Preis:	3946,– DM (1977)
Motor:	1-Zylinder-Motor, Viertakt, fahrtwindgekühlt
Leistung:	17 PS/13 kW bei 7000/min
max. Drehmoment:	19 Nm/1,9 mkp bei 6300/min
Ventilsteuerung:	ohc
Ventile pro Zyl.:	2
Hubraum:	246 ccm
Gemischaufb.:	1 Vergaser, Ø 28 mm
Getriebe:	5-Gang
Hinterradantrieb:	Kette
Rahmen:	Stahl-Einrohrrahmen
Reifen v., h.:	3.00-21, 4.00-18/4.60-17
Bremsen v., h.:	Trommel, Trommel
Federweg v., h.:	185/220, 110/190 mm
Leergewicht:	140/132/128 kg
Tankinhalt:	8,6/9,5 l
Höchstgeschw.:	120 km/h
Anmerkungen:	6-Volt-Bordspannung, Halbnaben-Trommelbremsen.

Z 250 LTD

Wie die Z 250 C war auch die Z 250 LTD aus der Z 200 abgeleitet worden und hatte damit die gleichen Verbesserungen wie eine leistungsfähigere Ölpumpe und einen neuen separaten Ölfilterdeckel. Auch Rahmen und Gussräder entsprachen denen der Z 250 C. Neu hingegen waren der tropfenförmige Tank, der Cowboylenker und die Stufensitzbank. Bereits 1981 kam das modifizierte Modell G2 mit verbessertem Geradeauslauf, anderen Federbeinen, Gleichdruckvergaser und Elektronikzündung. Ab 1983 gab's auch die Modellalternative W1 mit Zahnriemenantrieb (Belt Drive) zum Hinterrad, 11,7-Liter-Tank und anderen Rad-/Reifendimensionen.

Modell:	Z 250 LTD (KZ 250 G1/G2/W1)
1. Modelljahr:	1980/1983 (W1)
Preis:	3800,– DM (1980)
Motor:	1-Zylinder-Motor, Viertakt, fahrtwindgekühlt
Leistung:	17 PS/13 kW bei 7000/min
max. Drehmoment:	19 Nm/1,9 mkp bei 4000/min
Ventilsteuerung:	ohc
Ventile pro Zyl.:	2
Hubraum:	246 ccm
Gemischaufb.:	1 Vergaser, Ø 26 mm
Getriebe:	5-Gang
Hinterradantrieb:	Kette/Zahnriemen
Rahmen:	Stahl-Einrohrrahmen
Reifen v., h.:	2.75-18/3.00-19, 4.60 S 16/120/90-16
Bremsen v., h.:	Trommel, Trommel
Federweg v., h.:	150 mm, 80 mm
Leergewicht:	139 kg
Tankinhalt:	8/11,7 l
Höchstgeschw.:	125 km/h

Z 250 C

Nach den Erfahrungen mit der Z 200 brachte Kawasaki 1980 ein in einigen Punkten verbessertes Modell namens Z 250 C auf den Markt, das zudem mit etwas mehr Hubraum auftrumpfte. Allein dadurch besaß der Single mehr Leistungsreserven und wurde so nicht ständig am Drehzahllimit bewegt. Zudem hatte die 250er eine stärkere Ölpumpe, nachdem bei der 200er einige Kolben- und Nockenwellenschäden aufgetreten waren, die auf unzureichende Schmierung zurückzuführen waren. Statt Speichen- gab's nun Gussräder und vorn eine Trommel- statt der per Seilzug betätigten Scheibenbremse der 200er.

Modell:	Z 250 C (KZ 250 C1/C2)
1. Modelljahr:	1980
Preis:	3620,– DM (1980)
Motor:	1-Zylinder-Motor, Viertakt, fahrtwindgekühlt
Leistung:	17 PS/13 kW bei 8000/min
max. Drehmoment:	19 Nm/1,9 mkp bei 4000/min
Ventilsteuerung:	ohc
Ventile pro Zyl.:	2
Hubraum:	246 ccm
Gemischaufb.:	1 Vergaser, Ø 26 mm
Getriebe:	5-Gang
Hinterradantrieb:	Kette
Rahmen:	Stahl-Einrohrrahmen
Reifen v., h.:	2.75-18, 4.60 S 16
Bremsen v., h.:	Trommel, Trommel
Federweg v., h.:	150, 80 mm
Leergewicht:	132 kg
Tankinhalt:	9 l
Höchstgeschw.:	125 km/h
Anmerkungen:	Modell C2 nur in anderen Farben.

GPZ 250

Auf der IFMA 1978 stand die neue Z 250 (A1) mit Zweizylinder-Viertakt-Reihenmotor. Die angegebene Leistung von 27 PS wurde bei 10000/min erreicht und passte damit exakt in die entsprechende deutsche Versicherungsklasse. Eine obenliegende Nockenwelle und zwei Venlile pro Zylinder steuerten den Gashaushalt des kleinen Twins. Das eng gestufte Sechsganggetriebe war bitter nötig, denn das Aggregat verlangte nach Drehzahlen. Der Motor war ein Gegenläufer mit 180 Grad Hubzapfenversatz, um die Vibrationen gering zu halten. Die A4 von 1982 kam mit Rechteck-Halogenscheinwerfer und luftunterstützter Telegabel. 1983 erschien die GPZ 250 mit 17 PS, Cockpitverkleidung, CDI-Einheit, Doppelschleifen-/Unitrak-Fahrwerk und Zahnriemen-Hinterradantrieb.

Modell:	Z 250, GPZ 250 Belt Drive
1. Modelljahr:	1978/1983
Preis:	4296,– DM/4690,– DM
Motor:	2-Zylinder-Reihenmotor, Viertakt, fahrtwindgekühlt
Leistung:	27/17 PS/20/13 kW bei 10000/8000/min
max. Drehmoment:	20,4/16 Nm/2,1/1,6 mkp bei 8500/7500/min
Ventilsteuerung:	ohc
Ventile pro Zyl.:	2
Hubraum:	249 ccm
Gemischaufb.:	2 Vergaser, Ø 32 mm
Getriebe:	6-Gang
Hinterradantrieb:	Kette/Zahnriemen
Rahmen:	Stahl-Einrohrrahmen/ Doppelschleifen-Stahlrohr
Reifen v., h.:	3.00-18/90/90-18, 3.50-18/110/80-18
Bremsen v., h.:	S/DS, S/Tr
Federweg v., h.:	150 mm, 90/100 mm
Leergewicht:	166 kg
Tankinhalt:	13,5/17 l
Höchstgeschw.:	145/120 km/h

GPZ 305

Noch fürs Spätjahr 1983 brachte Kawasaki eine hubraumgesteigerte Version der GPZ mit exakt 306 Kubikzentimetern, Name GPZ 305. Das Mehr an Hubraum kam dem Drehmomentverlauf des ehemals etwas schwachbrüstigen Twins zugute. Zudem bot die GPZ eine hochwertige Ausstattung mit Cockpitschale, bequemer Sitzbank und dem seit 1984 zum Einsatz kommenden, weitgehend wartungsfreien Zahnriemenantrieb. Die Zeitschrift MOTORRAD fuhr bei einem Verbrauchstest von Stuttgart bis Valencia (1368 Kilometer) mit einer Tankfüllung (gemessene 18 Liter), kein Wunder also, dass die kleine GPZ bei Sparfüchsen sehr beliebt war.

Modell:	GPZ 305 (EX 305 A1/A2, B)
1. Modelljahr:	1983/1984
Preis:	4850,–/5090,– DM
Motor:	2-Zylinder-Reihenmotor, Viertakt, fahrtwindgekühlt
Leistung:	27 PS/20 kW bei 10000/min
max. Drehmoment:	24 Nm/2,4 mkp bei 7500/min
Ventilsteuerung:	ohc
Ventile pro Zyl.:	2
Hubraum:	306 ccm
Gemischaufb.:	2 Vergaser, Ø 32 mm
Getriebe:	6-Gang
Hinterradantrieb:	Kette/Zahnriemen
Rahmen:	Doppelschleifen-Stahlrohr
Reifen v., h.:	90/90-18, 110/80-18
Bremsen v., h.:	Doppelscheibe, Trommel
Federweg v., h.:	150 mm, 100 mm
Leergewicht:	164 kg
Tankinhalt:	17 l
Höchstgeschw.:	140 km/h
Anmerkungen:	Wie die GPZ 250 mit Unitrak-Fahrwerk, 34 PS offen.

KMX 125

Was Kawasaki da mit der KMX 125 auf die Räder stellte, konnte sich sehen lassen. Lange Federwege von 230 Millimetern vorn und hinten, das mit KIPS bezeichnete Auslaßsystem (schaltete automatisch eine Resonanzkammer zu), stramm zupackende Scheibenbremsen vorn und hinten, hochwertige, komplette Instrumentierung mit Drehzahlmesser und Kühlmittel-Temperaturanzeige, ein Gepäckträger und vieles mehr machten das Fahren mit der 125er zum Vergnügen. Die Abstimmung hinten war aber fürs Gelände zu soft gewählt.

Modell:	KMX 125 (MX 125 A)
1. Modelljahr:	1986
Preis:	4690,– DM
Motor:	1-Zylinder-Motor, Zweitakt, flüssigkeitsgekühlt
Leistung:	17 PS/13 kW bei 9500/min
max. Drehmoment:	14,7 Nm/1,5 mkp bei 7500/min
Ventilsteuerung:	Membran
Ventile pro Zyl.:	–
Hubraum:	125 ccm
Gemischaufb.:	1 Vergaser, Ø 26 mm
Getriebe:	6-Gang
Hinterradantrieb:	Kette
Rahmen:	Stahl-Einrohr
Reifen v., h.:	2.75-21, 4.10-18
Bremsen v., h.:	Scheibe, Scheibe
Federweg v., h.:	230 mm, 230 mm
Leergewicht:	118 kg
Tankinhalt:	9,3 l
Höchstgeschw.:	115 km/h
Anmerkungen:	Unitrak-Fahrwerk, 24 PS offen, Telegabel mit 35 mm, gummigelagerte Blinker.

KMX 200

Auf den Erfahrungen mit der flotten 125er aufbauend, stellte Kawasaki für die Saison 1988 die KMX 200 auf die Räder. 13 Millimeter mehr Bohrung verhalfen dem Zweitakter bei gleichem Hub zu exakt 192 Kubikzentimetern Hubraum. An der Leistung in Deutschland änderte dies nichts, sie blieb mit 17 PS gleich, stand nun aber schon bei 8500/min an. Ein von der KMX 125 abgeleitetes, aber stärker dimensioniertes Fahrwerk und ein neu abgestimmtes Hebelsystem sollten der 200er im wahrsten Sinne des Wortes noch mehr auf die Sprünge helfen. Zudem gab's nun Nadellager am Hebelsystem.

Modell:	KMX 200 (MX 200)
1. Modelljahr:	1988
Preis:	4990,– DM
Motor:	1-Zylinder-Motor, Zweitakt, flüssigkeitsgekühlt
Leistung:	17 PS/13 kW bei 8500/min
max. Drehmoment:	17 Nm/1,7 mkp bei 6500/min
Ventilsteuerung:	Membran
Ventile pro Zyl.:	–
Hubraum:	192 ccm
Gemischaufb.:	1 Vergaser, Ø 26 mm
Getriebe:	6-Gang
Hinterradantrieb:	Kette
Rahmen:	Stahl-Einrohr
Reifen v., h.:	3.00-21, 4.60-17
Bremsen v., h.:	Scheibe, Scheibe
Federweg v., h.:	230 mm, 230 mm
Leergewicht:	119 kg
Tankinhalt:	9,3 l
Höchstgeschw.:	118 km/h
Anmerkungen:	Unitrak-Fahrwerk.

KLR 250

Nach dem Erfolg der technisch aufwendigen KLR 600 entschied sich Kawasaki noch in 1984 zu einer im Hubraum verkleinerten Version. Die Bohrung betrug nun 74, der Hub 58 Millimeter. Das ergab exakt 249 Kubikzentimeter Hubraum, aus dem man wahlweise 17 oder 27 PS schöpfte. Aufgrund der im Vergleich zur 600er geringeren Motorleistung und dem schmaleren Drehzahlband entschied man sich für ein eng gestuftes Sechsganggetriebe, das die Fahrleistungen verbesserte. 125 km/h Spitze in der 17-PS- und 145 km/h in der 27-PS-Version wurden dem Einsatzbereich absolut gerecht.

Modell:	KLR 250 (KL 250 D)
1. Modelljahr:	1984
Preis:	5490,– DM
Motor:	1-Zylinder-Motor, Viertakt, flüssigkeitsgekühlt
Leistung:	17/27 PS/13/20 kW bei 7000/9000/min
max. Drehmoment:	19/23 Nm/1,9/2,3 mkp bei 4000/8000/min
Ventilsteuerung:	dohc
Ventile pro Zyl.:	4
Hubraum:	249 ccm
Gemischaufb.:	1 Vergaser, Ø 34 mm
Getriebe:	6-Gang
Hinterradantrieb:	Kette
Rahmen:	Stahl-Einrohrrahmen
Reifen v., h.:	3.00-21, 4.60-17
Bremsen v., h.:	Scheibe, Trommel
Federweg v., h.:	230, 190 mm
Leergewicht:	134 kg
Tankinhalt:	11 l
Höchstgeschw.:	125/145 km/h
Anmerkungen:	Sowohl mit 17 als auch mit 27 PS lieferbar.

KLR 600

Die KLR 600 brauchte keine Konkurrenz zu fürchten, als sie 1984 auf den Markt kam. Allein von der motortechnischen Seite her war die Enduro bestens gerüstet: Zwei obenliegende Nockenwellen, vier Ventile, per Tassenstößel betätigt, zwei Ausgleichswellen samt Flüssigkeitskühlung und ein Kickstarter mit Dekompressionsmechanismus (Kawasaki Automatic Compression Release). Am Fahrwerk kam eine Aluschwinge mit Exenterverstellung für die Kettenspannung zum Einsatz. Ab 1985 bot Kawasaki die KLR 600 E mit Elektrostarter an.

Modell:	KLR 600/E (KL 600 A, Ausf. A/B)
1. Modelljahr:	1984/1985
Preis:	6550,–/7290,– DM
Motor:	1-Zylinder-Motor, Viertakt, flüssigkeitsgekühlt
Leistung:	27/42 PS/20/31 kW bei 6000/7000/min
max. Drehmoment:	39/48 Nm/4,0/4,9 mkp bei 3000/5500/min
Ventilsteuerung:	dohc
Ventile pro Zyl.:	4
Hubraum:	565 ccm
Gemischaufb.:	1 Vergaser, Ø 40 mm
Getriebe:	5-Gang
Hinterradantrieb:	Kette
Rahmen:	Stahl-Einrohrrahmen
Reifen v., h.:	3.00-21/90/90-21, 5.10-17/130/80-17
Bremsen v., h.:	Scheibe, Trommel
Federweg v., h.:	230, 160 mm
Leergewicht:	160/163 kg
Tankinhalt:	11,5 l
Höchstgeschw.:	130/150 km/h

KLR 650

Bereits 1986 präsentierte Kawasaki auf der IFMA in Köln die neue KLR 650. War die gleichnamige 600er noch ein stärker auf sportliche Aspekte ausgerichtetes Fahrzeug gewesen, so sah man der Neuen deutlich die Betonung der Alltags- und Allroundeigenschaften an. Ein 23-Liter-Tank machte auch auf langen Reisen Schluss mit den häufigen Tankpausen, Sitzbank und Gepäckbrücke schufen Platz für Besatzung und (Reise-) Utensilien. Das Mehr an Hubraum verbesserte Drehmomentverlauf und Leistungsreserven. 1989 kam das optisch und technisch überarbeitete Modell Tengai.

Modell:	KLR 650/Tengai (KL 650 A-B)
1. Modelljahr:	1987/1989
Preis:	8290,–/8590,– DM
Motor:	1-Zylinder-Motor, Viertakt, flüssigkeitsgekühlt
Leistung:	27/48 PS/20/35 kW bei 5800/6500/min
max. Drehmoment:	45/55 Nm/4,6/5,6 mkp bei 2500/5800/min
Ventilsteuerung:	dohc
Ventile pro Zyl.:	4
Hubraum:	652 ccm
Gemischaufb.:	1 Vergaser, Ø 40 mm
Getriebe:	5-Gang
Hinterradantrieb:	Kette
Rahmen:	Stahl-Einrohrrahmen
Reifen v., h.:	90/90-21, 130/80-17
Bremsen v., h.:	Scheibe, Scheibe
Federweg v., h.:	230, 230 mm
Leergewicht:	181 kg
Tankinhalt:	23 l
Höchstgeschw.:	135/165 km/h
Anmerkungen:	Aus der KLR 600/E abgeleitet.

KLR 650

Totgesagte leben länger: Die Tengai schien bereits vergessen, die Nachfolger waren schon auf dem Markt. Doch der nicht selten ärgernde KLX 650-Antrieb (großes Kolbenlaufspiel und hoher Ölverbrauch) zwang Kawasaki zu schnellem Handeln. Statt den neuen 650er eingehend zu überarbeiten, griff man lieber zu Altbewährtem und holte das Tengai-Aggregat wieder aus der Kiste. Das kam nun in der neuen KLR 650 zum Einsatz, die mit deutlich kleinerem Tank zu häufigeren Tankstopps zwang, aber dank moderater Leistungskurve unterm Strich einfacher zu handhaben war.

Modell:	KLR 650 (KL 650 C)
1. Modelljahr:	1995
Preis:	9970,– DM
Motor:	1-Zylinder-Motor, Viertakt, flüssigkeitsgekühlt
Leistung:	34/42 PS/25/31 kW bei 6250/7000/min
max. Drehmoment:	47 Nm/4,8 mkp bei 5000/min
Ventilsteuerung:	dohc
Ventile pro Zyl.:	4
Hubraum:	652 ccm
Gemischaufb.:	1 Vergaser, Ø 40 mm
Getriebe:	5-Gang
Hinterradantrieb:	Kette
Rahmen:	Stahl-Einrohrrahmen
Reifen v., h.:	90/90-21, 120/90-17
Bremsen v., h.:	Scheibe, Scheibe
Federweg v., h.:	220, 200 mm
Leergewicht:	186 kg
Tankinhalt:	14 l
Höchstgeschw.:	160 km/h
Anmerkungen:	Nachfolgerin der KLR 650/Tengai-Reihe.

KLX 250

Bereits ein Jahr nach Erscheinen der KLX 650 legte Kawasaki ein kleineres 250er-Modell nach, das technisch und optisch an die große Schwester angelehnt war. Der hochentwickelte Viertaktsingle leistete offen 23 PS, meist wurden aber Modelle mit versicherungsgünstigen 17 PS verkauft. Im Gegensatz zur 650er waren der kleinen KLX Motorprobleme fremd, vor allem im harten Gelände wusste sie dank ihres niedrigen Gewichts und der leicht beherrschbaren Motorleistung zu gefallen. Was fehlte, war das Quäntchen an Drehmoment, das in ganz kniffligen Offroad-Passagen gefragt ist.

Modell:	KLX 250 (LX 250 E)
1. Modelljahr:	1994
Preis:	8760,– DM
Motor:	1-Zylinder-Motor, Viertakt, flüssigkeitsgekühlt
Leistung:	25 PS/18 kW bei 8000/min
max. Drehmoment:	22,5 Nm/2,3 mkp bei 7500/min
Ventilsteuerung:	dohc
Ventile pro Zyl.:	4
Hubraum:	249 ccm
Gemischaufb.:	1 Vergaser, Ø 34 mm
Getriebe:	6-Gang
Hinterradantrieb:	Kette
Rahmen:	Stahl-Einrohr/Brückenrahmen
Reifen v., h.:	3.00-21, 4.60-18
Bremsen v., h.:	Scheibe, Scheibe
Federweg v., h.:	285, 265 mm
Leergewicht:	129 kg
Tankinhalt:	8 l
Höchstgeschw.:	130 km/h
Anmerkungen:	Leistungsvariante mit 23 PS.

KLX 650/R

Die KLX 650 war einer der Glanzpunkte der IFMA 1992 und sollte eigentlich zu Kawasakis schärfstem Schwert auf dem Enduromarkt werden. Gemäß Kawasakis sportlich gefärbter Firmenphilosophie war die KLX ein leichtes, geländetaugliches Motorrad mit sportlichem Viertaktsingle, das auch im Alltag seinen Mann stehen sollte. Doch es kam ganz anders: Nach einigem Ärger mit Garantiefällen, bei denen häufig zu großes Kolbenlaufspiel und hoher Ölverbrauch auftraten, stellte man die Produktion ein. Die sportliche R-Version für Wettbewerbszwecke mit Solositz, geringerem Gewicht und standfesteren Federelementen hingegen wurde bis 2001 noch verkauft.

Modell:	KLX 650/R (LX 650 C/B)
1. Modelljahr:	1993
Preis:	10 150,– DM
Motor:	1-Zylinder-Motor, Viertakt, flüssigkeitsgekühlt
Leistung:	45/49 PS/33/36 kW bei 6500/7600/min
max. Drehmoment:	53 Nm/5,4 mkp bei 5000/min
Ventilsteuerung:	dohc
Ventile pro Zyl.:	4
Hubraum:	652 ccm
Gemischaufb.:	1 Vergaser, Ø 40 mm
Getriebe:	5-Gang
Hinterradantrieb:	Kette
Rahmen:	Stahl-Einrohr/Brückenrahmen
Reifen v., h.:	90/90-21, 130/80-17/120/90-18
Bremsen v., h.:	Scheibe, Scheibe
Federweg v., h.:	285, 265 mm
Leergewicht:	170/165 kg
Tankinhalt:	12 l
Höchstgeschw.:	165 km/h
Anmerkungen:	Leistungsvarianten mit 27 oder 34 PS.

KMX 125

Die bereits Ende der achtziger Jahre verkaufte KMX 125 kehrte 1997 zurück. Nachdem Kawasaki zunächst mit Abstinenz in der populären 125er-Klasse glänzte, brachte man nun die erste 125er wieder auf den Markt. Die 97er-KMX entsprach im Grunde genommen der Version von 1986 mit langen Federwegen, dem KIPS-Auslasssystem (schaltete automatisch eine Resonanzkammer zu), stramm zupackenden Scheibenbremsen, hochwertiger, kompletter Instrumentierung und einem Gepäckträger. Nur die Leistung war natürlich an die neue Klasse angepasst.

Modell:	KMX 125 (MX 125 B)
1. Modelljahr:	1997
Preis:	5990,– DM
Motor:	1-Zylinder-Motor, Zweitakt, flüssigkeitsgekühlt
Leistung:	15 PS/11 kW bei 8500/min
max. Drehmoment:	13 Nm/1,3 mkp bei 6600/min
Ventilsteuerung:	Membran
Ventile pro Zyl.:	–
Hubraum:	125 ccm
Gemischaufb.:	1 Vergaser, Ø 26 mm
Getriebe:	6-Gang
Hinterradantrieb:	Kette
Rahmen:	Stahl-Einrohr
Reifen v., h.:	2.75-21, 4.10-18
Bremsen v., h.:	Scheibe, Scheibe
Federweg v., h.:	230 mm, 230 mm
Leergewicht:	118 kg
Tankinhalt:	9,3 l
Höchstgeschw.:	80/112 km/h
Anmerkungen:	Telegabel mit 35 Millimetern Standrohrdurchmesser.

KLX 300 R

Es war nur eine Frage der Zeit, wann Kawasaki aus seiner sportlichen Viertaktreihe ein neues Modell für die immer populärer werdende 400er-Enduroklasse ableiten würde. Leichte, robuste Singles in Moto Cross-tauglichen Fahrwerken hatten bei den »Grünen« ja schon seit langem Tradition. Der Hubraum der KLX 300 R war ein gelungener Kompromiss aus leicht beherrschbarer Leistung und niedrigem Gewicht. Dabei musste sich der im Stil der KLX 650 R aufgebaute Single von den Fahrleistungen her aber keineswegs vor der meist etwas hubraumstärkeren Konkurrenz verstecken – dank modernster Vierventiltechnik, Flüssigkeitskühlung, Perimeter-Rahmen und Moto Cross-tauglichen, langhubigen Federelementen.

Modell:	KLX 300 R (LX 300)
1. Modelljahr:	1997
Preis:	10 990,– DM
Motor:	1-Zylinder-Motor, Viertakt, flüssigkeitsgekühlt
Leistung:	26 PS/19 kW bei 7000/min
max. Drehmoment:	27,5 Nm/2,8 mkp bei 6500/min
Ventilsteuerung:	dohc
Ventile pro Zyl.:	4
Hubraum:	292 ccm
Gemischaufb.:	1 Vergaser, Ø 34 mm
Getriebe:	6-Gang
Hinterradantrieb:	Kette
Rahmen:	Stahl-Einrohr/Brückenrahmen
Reifen v., h.:	80/100-21, 100/90-18
Bremsen v., h.:	Scheibe, Scheibe
Federweg v., h.:	285, 280 mm
Leergewicht:	113 kg
Tankinhalt:	8 l
Höchstgeschw.:	135 km/h

GPZ 900 R

Lange Zeit hatte Kawasaki an seinen luftgekühlten, rollengelagerten, großen Zweiventil-Vierzylindern festgehalten. Dann kam 1984 mit der GPZ 900 R der fällige Umbruch. Seit der Z1 hatte die Hubraumformel 900 Tradition, und wie ihre legendäre Ahnin wurde auch die GPZ zum Meilenstein. Bereits bei der Vorstellung 1983 auf der kalifornischen Rennstrecke Laguna Seca waren Tester aus allen Teilen der Welt voll des Lobes. Offen leistete der gleitgelagerte Vierzylinder 115 PS bei 9500/min, für Deutschland waren es aufgrund der freiwilligen Selbstbeschränkung der Importeure 100 PS. Das Modell A2 kam 1985 mit verbessertem Wassertemperatur-Fühler, die A3 von 1986 erhielt neue Vergaser mit anderen Gasschiebern. Die letzten Modellausführungen A7 bis A10 erhielten ein 17-Zoll-Vorderrad.

Modell:	GPZ 900 R (ZX 900 A1-A10)
1. Modelljahr:	1984
Preis:	11 960,– DM
Motor:	4-Zylinder-Reihenmotor, Viertakt, flüssigkeitsgekühlt
Leistung:	100 PS/74 kW bei 9500/min
max. Drehmoment:	79 Nm/8,1 mkp bei 8500/min
Ventilsteuerung:	dohc
Ventile pro Zyl.:	4
Hubraum:	908 ccm
Gemischaufb.:	4 Vergaser, Ø 34 mm
Getriebe:	6-Gang
Hinterradantrieb:	Kette
Rahmen:	Stahl-Zentralrohrrahmen
Reifen v., h.:	120/80-16/120/70-17, 130/80-18/150/70-18
Bremsen v., h.:	Doppelscheibe, Scheibe
Federweg v., h.:	140 mm, 115 mm
Leergewicht:	257 kg
Tankinhalt:	22 l
Höchstgeschw.:	240 km/h

GPZ 600 R

Für die immer populärer werdende Mittelklasse brachte Kawasaki 1985 die GPZ 600 R, die vorn und hinten auf 16-Zoll-Rädern rollte und so ein kompaktes Motorrad mit niedriger Stirnfläche war. Im Unterschied zur 900er vertrauten die Ingenieure hier auf einen klassischen Doppelschleifenrahmen, allerdings aus Stahl-Rechteckprofilen. Die verschraubten Unterzüge waren zur Motordemontage abnehmbar. Hinten kam eine Leichtmetallschwinge mit einfachen Kettenspannern zum Einsatz. Wie die GPZ 900 R besaß die 600er Gabelschlepphebel zur Ventilspieleinstellung.

Modell:	GPZ 600 R (ZX 600 A)
1. Modelljahr:	1985
Preis:	9680,– DM
Motor:	4-Zylinder-Reihenmotor, Viertakt, flüssigkeitsgekühlt
Leistung:	75 PS/55 kW bei 10500/min
max. Drehmoment:	52 Nm/5,3 mkp bei 9000/min
Ventilsteuerung:	dohc
Ventile pro Zyl.:	4
Hubraum:	593 ccm
Gemischaufb.:	4 Vergaser, Ø 32 mm
Getriebe:	6-Gang
Hinterradantrieb:	Kette
Rahmen:	Doppelschleifen-Stahlrohr
Reifen v., h.:	100/90-16, 130/90-16
Bremsen v., h.:	Doppelscheibe, Scheibe
Federweg v., h.:	140 mm, 130 mm
Leergewicht:	217 kg
Tankinhalt:	18 l
Höchstgeschw.:	215 km/h
Anmerkungen:	Modell A2 1986 mit neuen flexiblen Ölsteigleitungen.

GPZ 750 R

Ursprünglich war die GPZ 750 R für den japanischen Markt gedacht, wo aufgrund einer speziellen Regelung Motorräder wie die GPZ 900 R nicht zulässig waren. So baute man wie bereits im Falle der 900 Z 1 eine 750er-Version, die 1985 auch ihren Weg nach Deutschland fand und neben der GPZ 750 angeboten wurde. Die Maschine hatte allerdings Legitimationsschwierigkeiten gegenüber der GPZ und der 900er, so dass sie lediglich zwei Jahre verkauft wurde. Technisch und optisch glich sie der GPZ 900 R wie ein Ei dem anderen und unterschied sich nur durch den Motor und kleinere Vergaser.

Modell:	GPZ 750 R (ZX 750 G)
1. Modelljahr:	1985
Preis:	10 560,– DM
Motor:	4-Zylinder-Reihenmotor, Viertakt, flüssigkeitsgekühlt
Leistung:	92 PS/68 kW bei 10000/min
max. Drehmoment:	69 Nm/7,0 mkp bei 8500/min
Ventilsteuerung:	dohc
Ventile pro Zyl.:	4
Hubraum:	748 ccm
Gemischaufb.:	4 Vergaser, Ø 32 mm
Getriebe:	6-Gang
Hinterradantrieb:	Kette
Rahmen:	Stahl-Zentralrohrrahmen
Reifen v., h.:	120/80-16, 130/80-18
Bremsen v., h.:	Doppelscheibe, Scheibe
Federweg v., h.:	140 mm, 115 mm
Leergewicht:	252 kg
Tankinhalt:	22 l
Höchstgeschw.:	230 km/h
Anmerkungen:	Mit AVDS (nach Einfedergeschwindigkeit selbstregelndes Dämpfungssystem) vorn.

GPZ 1000 RX

Offensichtlich standen Kawasakis Ingenieure unter ungeheurem Erfolgsdruck, denn bereits im Herbst 1985 präsentierte man die Nachfolgerin der starken GPZ 900 R, die GPZ 1000 RX. Die knapp 1000 Kubikzentimeter Hubraum orientierten sich an den Modellen der Konkurrenz, offen leistete die RX 125 PS bei 9500/min. Damit reichte man an die Schallmauer von 250 km/h heran, in gedrosseltem Zustand mit 100 PS kämpfte die 1000er mit der unverändert langen Endübersetzung. Beim Rahmenkonzept wechselte man wieder vom Zentralrohr- zum Doppelschleifenrahmen aus Stahl und Leichtmetall-Heckrahmen.

Modell:	GPZ 1000 RX (ZXT 00 A)
1. Modelljahr:	1986
Preis:	14 490,– DM
Motor:	4-Zylinder-Reihenmotor, Viertakt, flüssigkeitsgekühlt
Leistung:	100 PS/74 kW bei 9200/min
max. Drehmoment:	83 Nm/8,5 mkp bei 6200/min
Ventilsteuerung:	dohc
Ventile pro Zyl.:	4
Hubraum:	998 ccm
Gemischaufb.:	4 Vergaser, Ø 36 mm
Getriebe:	6-Gang
Hinterradantrieb:	Kette
Rahmen:	Doppelschleifen-Stahlrohr
Reifen v., h.:	120/80-16, 150/80-16
Bremsen v., h.:	Doppelscheibe, Scheibe
Federweg v., h.:	130 mm, 130 mm
Leergewicht:	267 kg
Tankinhalt:	21 l
Höchstgeschw.:	235 km/h
Anmerkungen:	16-Zoll-Räder, im Vergleich zur GPZ 900 R mehr Bohrung und längerer Hub, offen 125 PS.

1000 GTR

Die erste ganz für den Tourenbetrieb konzipierte Maschine von Kawasaki war die 1000 GTR, die 1986 auf den Markt kam. Der Motor stammte aus der GPZ 1000 RX, war aber mit anderen Nockenwellen und kleineren Vergasern mehr auf Durchzugskraft und Drehmoment getrimmt. Der Zentralrohrrahmen stammte von dem der GPZ 900 R ab, wo er auch unter harter Beanspruchung beste Dienste geleistet hatte. Erst 1994 nahm man die erste größere Modellüberarbeitung vor (neue Telegabel, neue Sitzbank, andere Schalter/Instrumente, neue Reifen-/Felgenformate sowie neue Bremsanlage), die GTR hatte zudem nur noch 92 PS. Wenig später schöpfte die Maschine aber wieder die 98-PS-Versicherungsklasse aus.

Modell:	1000 GTR (ZGT 000 A)
1. Modelljahr:	1986/1994
Preis:	15 640,–/18 815,– DM
Motor:	4-Zylinder-Reihenmotor, Viertakt, flüssigkeitsgekühlt
Leistung:	100/92/98 PS/74/68/72 kW bei 9000/min
max. Drehmoment:	81 Nm/8,3 mkp bei 6500/min
Ventilsteuerung:	dohc
Ventile pro Zyl.:	4
Hubraum:	998 ccm
Gemischaufb.:	4 Vergaser, Ø 32 mm
Getriebe:	6-Gang
Hinterradantrieb:	Kardan
Rahmen:	Stahl-Zentralrohrrahmen
Reifen v., h.:	110/80-18/120/70-18, 150/80-16
Bremsen v., h.:	Doppelscheibe, Scheibe
Federweg v., h.:	140 mm, 140 mm
Leergewicht:	296/294 kg
Tankinhalt:	28,5 l
Höchstgeschw.:	200/195 km/h
Anmerkungen:	Offen 115 PS, mit Kawasaki Clean Air System.

ZL 600

Nachdem etliche grau importierte ZL 900 Eliminator in Deutschland Absatz gefunden hatten, entschloss sich der Werks-Importeur, die ZL-Modelle offiziell anzubieten. Zunächst kam 1986 die ZL 600, die vom leicht modifizierten Reihenvierzylinder der GPZ 600 R angetrieben wurde.
Ein Jahr später rollte auch die ZL 1000 als Verstärkung auf Deutschlands Straßen, hier stammte der Motor aus der GPZ 1000 RX. In beiden Modellen kamen Nockenwellen mit zahmeren Steuerzeiten und Vergaser mit kleineren Ansaugquerschnitten zum Einsatz. Die ZL 600 nahm Kawasaki ab 1995 wieder ins Programm.

Modell:	ZL 600/1000 (ZL 600 A/ZLT 00 A)
1. Modelljahr:	1986/1987
Preis:	9790,–/13 690,– DM
Motor:	4-Zylinder-Reihenmotor, Viertakt, flüssigkeitsgekühlt
Leistung:	74/100 PS/54/74 kW bei 10500/9000/min
max. Drehmoment:	55/85 Nm/5,6/8,7 mkp bei 8500/7500/min
Ventilsteuerung:	dohc
Ventile pro Zyl.:	4
Hubraum:	593/998 ccm
Gemischaufb.:	4 Vergaser, Ø 30/34 mm
Getriebe:	6-Gang
Hinterradantrieb:	Kardan
Rahmen:	Doppelschleife-Stahlrohr
Reifen v., h.:	100/90-18, 150/80-15/160/80-15
Bremsen v., h.:	Doppelscheibe, Trommel/Scheibe
Federweg v., h.:	145/150 mm, 108/110 mm
Leergewicht:	210/271 kg
Tankinhalt:	12,5/18,5 l
Höchstgeschw.:	205/210 km/h

Eliminator 600

Im Zuge der Cruiserwelle fand die ZL 600 in den Neunzigern ihren Weg zurück auf den deutschen Motorradmarkt, und zwar ab 1995 als Eliminator 600. Der Preis lag rund 3000 Mark über dem ehemaligen Verkaufspreis der ZL 600. Dafür besaß die 1995er-Version, die bis 1997 im Programm blieb, formschöne Speichenräder und einen auf aktuelle Geräuschvorschriften abgestimmten Motor. Die ehemals spitze Leistungskurve wurde dadurch geglättet, was dem Alltagsbetrieb zugute kam. Ein Schiebebetrieb-Drehmomentbegrenzer verhindert beim Runterschalten das Blockieren des Hinterrads.

Modell:	Eliminator 600 (ZL 600 B)
1. Modelljahr:	1995
Preis:	12 750,– DM
Motor:	4-Zylinder-Reihenmotor, Viertakt, flüssigkeitsgekühlt
Leistung:	61 PS/45 kW bei 10500/min
max. Drehmoment:	46 Nm/4,7 mkp bei 7800/min
Ventilsteuerung:	dohc
Ventile pro Zyl.:	4
Hubraum:	593 ccm
Gemischaufb.:	4 Vergaser, Ø 30 mm
Getriebe:	6-Gang
Hinterradantrieb:	Kardan
Rahmen:	Doppelschleife-Stahlrohr
Reifen v., h.:	100/90-18, 150/80-15
Bremsen v., h.:	Doppelscheibe, Trommel
Federweg v., h.:	150 mm, 99 mm
Leergewicht:	217 kg
Tankinhalt:	13 l
Höchstgeschw.:	185 km/h

LTD 450

Auch bei den Softchopper-Modellen stand Mitte der achtziger Jahre ein Umbruch ins Haus. Mit der LTD 450 präsentierte Kawasaki den Nachfolger der Z 440 LTD. Beim Zweizylindermotor handelte es sich im Grunde genommen um den halbierten Antrieb der GPZ 900 R, viele Bauteile wie Kolben, Ventile und Gabelschlepphebel mit Einstellschrauben waren baugleich. Die Steuerkette war zwischen den Zylindern und die Kupplung seilzugbetätigt. Die Motorleistung betrug wahlweise 27 oder 50 PS. Eine lange Gabel mit flachem Lenkkopfwinkel (58,5 Grad) sorgte für den choppergerechten Auftritt, hinten kam eine konventionelle Schwinge mit zwei Federbeinen zum Einsatz.

Modell:	LTD 450 (EN 450 A)
1. Modelljahr:	1985
Preis:	6690,– DM
Motor:	2-Zylinder-Reihenmotor, Viertakt, flüssigkeitsgekühlt
Leistung:	27/50 PS/20/37 kW bei 8500/9500/min
max. Drehmoment:	32/41 Nm/3,3/4,2 mkp bei 4000/8000/min
Ventilsteuerung:	dohc
Ventile pro Zyl.:	4
Hubraum:	454ccm
Gemischaufb.:	2 Vergaser, Ø 34 mm
Getriebe:	6-Gang
Hinterradantrieb:	Zahnriemen
Rahmen:	Doppelschleifen-Stahlrohr
Reifen v., h.:	100/90-19, 140/90-15
Bremsen v., h.:	Doppelscheibe, Trommel
Federweg v., h.:	160 mm, 110 mm
Leergewicht:	200 kg
Tankinhalt:	11 l
Höchstgeschw.:	135/150 km/h
Anmerkungen:	Zahnriemenantrieb.

GPZ 500 S

Der Erfolg des Softchoppers LTD 450 machte den Kawasaki-Mannen Mut, ein Straßenmodell zu entwickeln. Das drehfreudige 450er-Aggregat war die ideale Basis für eine spritzige 500er-Alltags- und Allroundmaschine mit sportlichem Akzent. Die GPZ 500 S griff auf Kolben und Zylinder von der GPZ 1000 RX zurück, der Hub wurde ebenfalls übernommen. Ansonsten erhielt der ehemalige LTD-Antrieb andere Nockenwellen mit größerem Ventilhub und anderen Steuerzeiten. 60 PS in der offenen Version kamen unterm Strich dabei heraus, die in einem überaus handlichen 16-Zoll-Fahrwerk tätig waren.

Modell:	GPZ 500 S (EX 500 A, Ausf. A, B)
1. Modelljahr:	1987
Preis:	7990,– DM
Motor:	2-Zylinder-Reihenmotor, Viertakt, flüssigkeitsgekühlt
Leistung:	27/50/60 PS/20/37/44 kW bei 8500/9500/9800/min
max. Drehmoment:	29/41/46 Nm/3,0/4,2/4,7 mkp bei 4300/7000/8500/min
Ventilsteuerung:	dohc
Ventile pro Zyl.:	4
Hubraum:	499 ccm
Gemischaufb.:	2 Vergaser, Ø 34 mm
Getriebe:	6-Gang
Hinterradantrieb:	Kette
Rahmen:	Doppelschleifen-Stahlrohr
Reifen v., h.:	100/90-16, 120/90-16
Bremsen v., h.:	Scheibe, Trommel
Federweg v., h.:	140 mm, 100 mm
Leergewicht:	196 kg
Tankinhalt:	18 l
Höchstgeschw.:	145/175/190 km/h

GPZ 500 S

Nach sieben erfolgreichen Verkaufsjahren war für die GPZ 500 S im Modelljahr 1994 eine größere Überarbeitung fällig. Die auffallendste Veränderung betraf das äußere Erscheinungsbild der Maschine, die jetzt mit neuer Halbschale und Seitenverkleidungen daherkam. Daneben wurde das Fahrwerk vorn und hinten auf gängigere 17-Zoll-Radgrößen und auf Doppelscheiben-/Einzelscheibenbremse (vorn/hinten) umgestellt. Der Motor erfuhr nur geringfügige Modifikationen, die vor allem die Umweltverträglichkeit betrafen. Zudem gab's nun sogar vier Leistungsvarianten, darunter eine 27-PS-Version.

Modell:	GPZ 500 S (EX 500 D, Ausf. E)
1. Modelljahr:	1994
Preis:	9990,– DM
Motor:	2-Zylinder-Reihenmotor, Viertakt, flüssigkeitsgekühlt
Leistung:	34/50/60 PS/25/37/44 kW bei 8500/9500/9800/min
max. Drehmoment:	33,5/41/46 Nm/3,4/4,2/4,7 mkp bei 4300/7000/8500/min
Ventilsteuerung:	dohc
Ventile pro Zyl.:	4
Hubraum:	499 ccm
Gemischaufb.:	2 Vergaser, Ø 34 mm
Getriebe:	6-Gang
Hinterradantrieb:	Kette
Rahmen:	Doppelschleifen-Stahlrohr
Reifen v., h.:	110/70-17 54H, 130/70-17 62H
Bremsen v., h.:	Doppelscheibe, Scheibe
Federweg v., h.:	130 mm, 100 mm
Leergewicht:	200 kg
Tankinhalt:	18 l
Höchstgeschw.:	160/180/190 km/h

KLE 500

Kawasaki wagte 1991 ein weiteres Projekt mit dem 500er-Twin, man pflanzte ihn in die neue Enduro/Funduro KLE 500. Zugunsten eines besseren Drehmomentverlaufs wurde die Maximalleistung der offen 60 PS starken GPZ 500 S in der KLE auf 50 PS gebremst. Geänderte Steuerzeiten, eine andere Auspuffanlage und eine entsprechend angepasste Vergaserabstimmung machten dem Triebwerk Enduro-Beine. Im unteren und mittleren Drehzahlbereich ging der Twin nun etwas beherzter zur Sache, im Grunde seines Herzens konnte das Aggregat aber seine eher sportliche Abstammung nicht verleugnen. Ab 1996 mit neuem Outfit, ab 1997 mit Abgasreinigungssystem und geänderter Vergaserabstimmung.

Modell:	KLE 500 (LE 500 A)
1. Modelljahr:	1991
Preis:	8590,– DM
Motor:	2-Zylinder-Reihenmotor, Viertakt, flüssigkeitsgekühlt
Leistung:	27/50 PS/20/37 kW bei 8500/9500/min
max. Drehmoment:	29/41 Nm/3,0/4,2 mkp bei 4300/7000/min
Ventilsteuerung:	dohc
Ventile pro Zyl.:	4
Hubraum:	499 ccm
Gemischaufb.:	2 Vergaser, Ø 34 mm
Getriebe:	6-Gang
Hinterradantrieb:	Kette
Rahmen:	Doppelschleifen-Stahlrohr
Reifen v., h.:	90/90-21, 130/80-17
Bremsen v., h.:	Scheibe, Scheibe
Federweg v., h.:	220 mm, 200 mm
Leergewicht:	198 kg
Tankinhalt:	15 l
Höchstgeschw.:	140/165/175 km/h
Anmerkungen:	Mit neuem Endurofahrwerk und gemäßigten Federwegen.

EL 250

Die Auslegung von Bohrung und Hub (62 x 41 Millimeter) in der EL 250 entsprach eher einem Hochleistungstriebwerk denn einem Chopperaggregat. Die gleitgelagerte Kurbelwelle trieb per Zahnradsatz eine Ausgleichswelle an, die die Vibrationen auf ein Minimum reduzieren sollte. Eine Zahnkette war für die Betätigung von zwei obenliegenden Nockenwellen und Schlepphebeln verantwortlich. Fleißige Schaltarbeit war bei der spitzen Leistungscharakteristik angesagt. Wegen der geringen Sitzhöhe war die EL eine beliebte Fahrschul- und Einsteigermaschine. Die EL 250 E von 1991 hatte Cockpitverkleidung, Bugspoiler und Leichtmetall-Gussräder (6280 Mark).

Modell:	EL250/E (EL 250 B, Ausf. B, D, E)
1. Modelljahr:	1988/1991
Preis:	5790,–/6280,– DM
Motor:	2-Zylinder-Reihenmotor, Viertakt, flüssigkeitsgekühlt
Leistung:	27/33 PS/20/24 kW bei 11800/12500/min
max. Drehmoment:	18/20 Nm/1,8/2,0 mkp bei 9800/10000/min
Ventilsteuerung:	dohc
Ventile pro Zyl.:	4
Hubraum:	248 ccm
Gemischaufb.:	2 Vergaser, Ø 30 mm
Getriebe:	6-Gang
Hinterradantrieb:	Kette
Rahmen:	Doppelschleifen-Stahlrohr
Reifen v., h.:	100/90-17, 140/90-15
Bremsen v., h.:	Scheibe, Trommel
Federweg v., h.:	140 mm, 80 mm
Leergewicht:	157 kg
Tankinhalt:	11 l
Höchstgeschw.:	135/145 km/h
Anmerkungen:	Zuerst LM-Gussräder, ab 1990 Speichenräder (6240 Mark).

EN 500

Der Motor der EN 500 stammte aus der GPZ 500 S. Flüssigkeitskühlung, parallel stehendes Zylinderpaar und die Leichtmetall-Gussräder wollten aber nicht so recht in die V-orientierte Cruiserszene passen. Andererseits glänzte die EN mit wartungsarmem Zahnriemenantrieb und zuverlässiger Motormechanik. 1994 spendierte Kawasaki der EN Speichenräder, neue Instrumente, eine neue Telegabel, ein modifiziertes Getriebe, viele Chromteile und silbernen Motorlack. 1996 gab's einen neuen Rahmen, Hinterradantrieb per Kette, flachere Gabel, VN 800-Tank, Bobtail-Kotflügel hinten, neue Sitzbank und andere Auspuffanlage. Serienmäßig mit 34 oder umgerüstet mit 46 PS.

Modell:	EN 500 (EN 500 A/B/C)
1. Modelljahr:	1990/1996
Preis:	9190,–/10 890,– DM
Motor:	2-Zylinder-Reihenmotor, Viertakt, flüssigkeitsgekühlt
Leistung:	50/34 PS/37/25 kW bei 9000/7000/min
max. Drehmoment:	45/39 Nm/4,6/4,0 mkp bei 7300/4200/min
Ventilsteuerung:	dohc
Ventile pro Zyl.:	4
Hubraum:	499 ccm
Gemischaufb.:	2 Vergaser, Ø 34/32 mm
Getriebe:	6-Gang
Hinterradantrieb:	Zahnriemen/Kette
Rahmen:	Doppelschleifen-Stahlrohr
Reifen v., h.:	100/90-17, 140/90-15
Bremsen v., h.:	Scheibe, Trommel
Federweg v., h.:	160/150 mm, 110/100 mm
Leergewicht:	209/214 kg
Tankinhalt:	11/15 l
Höchstgeschw.:	155/150 km/h
Anmerkungen:	Wahlweise mit 27 PS.

EL 252

Der Hubraumzuwachs von gerade mal fünf Kubikzentimetern mag nicht die entscheidendste Änderung an der neuen, 1996 erscheinenden EL 252 gewesen sein. Vielmehr gaben immer strengere Geräusch- und Abgasvorschriften Anlass zu einer Modifizierung des kleinen Cruisers. Mit dazu zählen durfte man auch die geringfügig erhöhte Verdichtung, die mit zu einer besseren Verbrennung des Gemischs beitragen sollte. Hinzu kamen kleinere Hauptdüsen sowie eine längere Endübersetzung, die den Schadstoffausstoss (und Lärmpegel) senken sollten. Zudem gab's nun im Cockpit einen Drehzahlmesser.

Modell:	EL252 (EL 250 B, Ausf. F)
1. Modelljahr:	1996
Preis:	8360,– DM
Motor:	2-Zylinder-Reihenmotor, Viertakt, flüssigkeitsgekühlt
Leistung:	30 PS/22 kW bei 12000/min
max. Drehmoment:	19,7 Nm/2,0 mkp bei 10000/min
Ventilsteuerung:	dohc
Ventile pro Zyl.:	4
Hubraum:	253 ccm
Gemischaufb.:	2 Vergaser, Ø 30 mm
Getriebe:	6-Gang
Hinterradantrieb:	Kette
Rahmen:	Doppelschleifen-Stahlrohr
Reifen v., h.:	100/90-17, 140/90-15
Bremsen v., h.:	Scheibe, Trommel
Federweg v., h.:	140 mm, 100 mm
Leergewicht:	161 kg
Tankinhalt:	11 l
Höchstgeschw.:	137 km/h
Anmerkungen:	253 Kubikzentimeter Hubraum (gerundet).

Eliminator 125

Relativ spät reagierte Kawasaki im Vergleich zu anderen Herstellern auf die neu geschaffene 125er-Führerscheinklasse. Zunächst kam man 1997 mit der wiederbelebten MX 125 auf den Markt, der Cruiser Eliminator 125 folgte 1998. Angetrieben wird das Einsteigermotorrad von einem 125er-Einzylindermotor mit einer obenliegenden Nockenwelle, die über servicefreundliche Kipphebel zwei Ventile pro Zylinder betätigt. Die gebotene Leistung von 12 PS reicht aus, um die magische 100-km/h-Marke zu durchbrechen. Im Cockpit finden sich Tachometer, Tageskilometerzähler und Kontrollleuchten.

Modell:	Eliminator 125 (BN 125 A)
1. Modelljahr:	1998
Preis:	6690,– DM
Motor:	1-Zylinder-Motor, Viertakt, fahrtwindgekühlt
Leistung:	12 PS/8,8 kW bei 9500/min
max. Drehmoment:	9,7 Nm/0,99 mkp bei 8000/min
Ventilsteuerung:	ohc
Ventile pro Zyl.:	2
Hubraum:	124 ccm
Gemischaufb.:	1 Vergaser, Ø 30 mm
Getriebe:	5-Gang
Hinterradantrieb:	Kette
Rahmen:	Doppelschleifen-Stahlrohr
Reifen v., h.:	90/90-17, 130/90-15
Bremsen v., h.:	Scheibe, Trommel
Federweg v., h.:	130 mm, 60 mm
Leergewicht:	144 kg
Tankinhalt:	13 l
Höchstgeschw.:	80/105 km/h
Anmerkungen:	Mit schadstoffminderndem Sekundärluftsystem.

GPX 600/750 R

Die neue GPX 750 R stand nicht ausschließlich für Sportlichkeit, sondern auch für mehr Allround- und Bedienungsfreundlichkeit. Mit dazu beitragen sollten ein schlichtes Doppelschleifen-Fahrwerk und ein geringes Leergewicht, die leichtes Handling ermöglichten. Der neue Vierzylinder war aber dennoch konsequent auf Leistung getrimmt (offen 106 PS), erst bei 12000/min bereitete ein Begrenzer dem Drehzahltreiben ein Ende. 1988 kam die GPX 600 R, die in Fahrwerksdetails der 750er ähnelte. In modifizierter Form kehrte die 600er sogar 1994 ins aktuelle Modellprogramm zurück, dann aber mit 74 statt 85 PS.

Modell:	GPX 600/750 R
1. Modelljahr:	1988/1987
Preis:	10 550,–/12 640,– DM
Motor:	4-Zylinder-Reihenmotor, Viertakt, flüssigkeitsgekühlt
Leistung:	85/100 PS/63/74 kW bei 11000/10500/min
max. Drehmoment:	57/70,6 Nm/5,8/7,2 mkp bei 9000/8500/min
Ventilsteuerung:	dohc
Ventile pro Zyl.:	4
Hubraum:	593/748 ccm
Gemischaufb.:	4 Vergaser, Ø 32/34 mm
Getriebe:	6-Gang
Hinterradantrieb:	Kette
Rahmen:	Doppelschleifen-Stahlrohr
Reifen v., h.:	110/80-16/110/90-16, 130/90-16/140/70-18
Bremsen v., h.:	Doppelscheibe, Scheibe
Federweg v., h.:	140 mm, 130/120 mm
Leergewicht:	205/220 kg
Tankinhalt:	18/21 l
Höchstgeschw.:	225/239 km/h
Anmerkungen:	Motor ohne Ausgleichswelle, zweistufiges Anti-Dive-System, Bremszangen mit unterschiedlich großen Kolben.

ZX-10

Im Gegensatz zu GPX 600/750 R mit Doppelschleifen-Stahlrohrrahmen griff Kawasaki beim Topmodell ZX-10 auf eine Brückenkonstruktion aus Leichtmetall zurück. Zusätzlich waren zur Versteifung zwei Unterzüge vorgesehen, die zur leichteren Motordemontage abgeschraubt werden konnten. Die Bremsscheiben waren erstmals semischwimmend gelagert, die Doppelkolben-Schwimmsattel-Bremszangen vorn besaßen unterschiedlich große Kolben für gleichmäßigeren Belagverschleiß. Fallstromvergaser und gerade Ansaugwege waren mitverantwortlich für satte 137 PS Spitzenleistung. Die Dreispeichenräder waren hohl gegossen, vorne drehte sich ein 17-Zoll-Rad.

Modell:	ZX-10 (ZXT 00 B)
1. Modelljahr:	1988
Preis:	14 790,– DM
Motor:	4-Zylinder-Reihenmotor, Viertakt, flüssigkeitsgek.
Leistung:	100 PS/74 kW bei 8800/min
max. Drehmoment:	89 Nm/9,1 mkp bei 6800/min
Ventilsteuerung:	dohc
Ventile pro Zyl.:	4
Hubraum:	998 ccm
Gemischaufb.:	4 Vergaser, Ø 36 mm
Getriebe:	6-Gang
Hinterradantrieb:	Kette
Rahmen:	Leichtmetall-Brückenrahmen/Unterzüge
Reifen v., h.:	120/70-17, 160/60-18
Bremsen v., h.:	Doppelscheibe, Scheibe
Federweg v., h.:	135 mm, 120 mm
Leergewicht:	254 kg
Tankinhalt:	22 l
Höchstgeschw.:	230 km/h
Anmerkungen:	Schlepphebel mit Einstellshims

ZZ-R 600

Im Gegensatz zur 1100er Schwester war die ZZ-R 600 ein Heißsporn mit spitzer Leistungskurve. An ersten Modellen gab es Schwierigkeiten mit hakeligen Getrieben, was später verbessert wurde. 1993 gab's größere Modifikationen. So erhielt die 600er einen leichteren Ventiltrieb, eine neue Auspuffanlage, einen größeren Luftfilterkasten und ein Ram-Air-System.

1995 spendierte man ihr eine leisere Auspuffanlage, ab 1997 wurde die Vergaserabstimmung geändert und eine neue Zündbox eingebaut. Die aktuelle Version kommt mit umweltschonendem U-Kat und Sekundärluftsystem (KCA) daher.

Modell:	ZZ-R 600 (ZX 600 D/E)
1. Modelljahr:	1990/1993
Preis:	13 170,–/14 120,– DM
Motor:	4-Zylinder-Reihenmotor, Viertakt, flüssigkeitsgekühlt
Leistung:	100/98 PS/74/72 kW bei 11500/min
max. Drehmoment:	64 Nm/6,5 mkp bei 9500/9800/min
Ventilsteuerung:	dohc
Ventile pro Zyl.:	4
Hubraum:	599 ccm
Gemischaufb.:	4 Vergaser, Ø 36 mm
Getriebe:	6-Gang
Hinterradantrieb:	Kette
Rahmen:	Leichtmetall-Brückenrahmen
Reifen v., h.:	120/60 ZR 17, 160/60 ZR 17
Bremsen v., h.:	Doppelscheibe, Scheibe
Federweg v., h.:	120 mm, 130 mm
Leergewicht:	217 kg
Tankinhalt:	18 l
Höchstgeschw.:	230 km/h

ZZ-R 1100

Der Motor der ZZ-R 1100 stammte aus der ZX 10, hatte aber mehr Hubraum. 1993 erhielt die ZZ-R ein Ram-Air-System, einen Luftfilterkasten mit 16,9 statt 14,1 Litern Volumen, einen größeren Ölkühler und Kolben mit vier Millimeter längerem Hemd für mehr Laufruhe. 1995 gab's eine neue Vergaserbedüsung, eine andere Zündbox und einen leiseren Auspuff (93 Nm bei 5000/min). Ab 1996 wurde die Maschine serienmäßig mit 98 PS bei 9300/min ausgeliefert, ab 1999 dann mit 146 PS bei 10500/min und 108 Nm bei 8500/min. Zudem hatte die Maschine KCA (U-Kat mit Sekundärluftsystem).

Modell:	ZZ-R 1100 (ZXT 10 C/D)
1. Modelljahr:	1990/1993
Preis:	18 250,–/19 135,– DM
Motor:	4-Zylinder-Reihenmotor, Viertakt, flüssigkeitsgekühlt
Leistung:	100 PS/74 kW bei 9000/min
max. Drehmoment:	88/90 Nm/9,0/9,2 mkp bei 4800/7000/min
Ventilsteuerung:	dohc
Ventile pro Zyl.:	4
Hubraum:	1052 ccm
Gemischaufb.:	4 Vergaser, Ø 40 mm
Getriebe:	6-Gang
Hinterradantrieb:	Kette
Rahmen:	Leichtmetall-Brückenrahmen
Reifen v., h.:	120/70 ZR 17, 180/55 ZR 17
Bremsen v., h.:	Doppelscheibe, Scheibe
Federweg v., h.:	120 mm, 117 mm
Leergewicht:	260/270 kg
Tankinhalt:	24 l
Höchstgeschw.:	240/246 km/h
Anmerkungen:	Modell D ab 1993 mit Double-Ram-Air-System.

GPZ 1100

Kawasaki bot ab Anfang 1995 die GPZ 1100 zum Preis von 17 990 Mark an. Der Motor stammte von der ZZ-R 1100, mußte aber wegen des Doppelschleifenrahmens von Fall- auf Flachstromvergaser umgebaut werden. Gleichzeitig wollten die Ingenieure der GPZ mit zahmeren Steuerzeiten und vier Millimeter kleineren Vergasern zu mehr Durchzug verhelfen. Auf ein Ram-Air-System wurde ganz verzichtet. Ab Ende 1995 gab's die GPZ auch als Modell Horizont mit Koffersatz, das Basismodell wurde im Preis verbilligt. 1996 kam dann das Modell mit ABS hinzu (18 990 Mark).

Modell:	GPZ 1100/Horizont/ABS (ZXT 10 E)
1. Modelljahr:	1995/1995/1996
Preis:	17 490,–/17 990,–/18 990,– DM
Motor:	4-Zylinder-Reihenmotor, Viertakt, flüssigkeitsgekühlt
Leistung:	100 PS/74 kW bei 9000/min
max. Drehmoment:	89 Nm/9,0 mkp bei 4500/min
Ventilsteuerung:	dohc
Ventile pro Zyl.:	4
Hubraum:	1052 ccm
Gemischaufb.:	4 Vergaser, Ø 36 mm
Getriebe:	6-Gang
Hinterradantrieb:	Kette
Rahmen:	Doppelschleifen-Stahlrohr
Reifen v., h.:	120/70 ZR 17, 170/60 ZR 17
Bremsen v., h.:	Doppelscheibe, Scheibe
Federweg v., h.:	120 mm, 125 mm
Leergewicht:	267/271/277 kg
Tankinhalt:	22 l
Höchstgeschw.:	230 km/h
Anmerkungen:	Ab Ende 1995 Basismodell für 17 490 statt 17 990 Mark.

VN 750

Mitte der achtziger Jahre führte in der Chopperszene kein Weg am V2-Motor vorbei. Daher konstruierten die Kawasaki-Techniker ein neues Triebwerk, das für ein Chopper-Aggregat technisch relativ aufwändig war: zwei obenliegende Nockenwellen und vier Ventile pro Zylinder, Doppelzündung, Flüssigkeitskühlung, zwei Vergaser, hydraulischer Ventilspielausgleich und ein wartungsarmer Kardanantrieb. Damit fuhr die VN schon fast haarscharf am Chopperideal vorbei. 1986 war sie auch mit 50 PS bei 7500/min und 58 Nm bei 5500/min lieferbar. 1993 wurde die VN nochmals ins Programm genommen, um die Lücke zwischen EN 500 und VN-15 SE zu schließen

Modell:	VN 750 Vulcan (VN 750 A, A-D)
1. Modelljahr:	1986/1993
Preis:	10 490,–/11 670,– DM
Motor:	2-Zylinder-V-Motor, Viertakt, flüssigkeitsgekühlt
Leistung:	68/50 PS/50/37 kW bei 8500/7500/min
max. Drehmoment:	65/56 Nm/6,6/5,7 mkp bei 6500/3000/min
Ventilsteuerung:	dohc
Ventile pro Zyl.:	4
Hubraum:	749 ccm
Gemischaufb.:	2 Vergaser, Ø 34 mm
Getriebe:	5-Gang
Hinterradantrieb:	Kardan
Rahmen:	Doppelschleifen-Stahlrohr
Reifen v., h.:	100/90-19, 150/90-15
Bremsen v., h.:	Doppelscheibe, Trommel
Federweg v., h.:	150 mm, 90 mm
Leergewicht:	240 kg
Tankinhalt:	13,5 l
Höchstgeschw.:	175/165 km/h
Anmerkungen:	LM-Gussräder

VN-15 SE

Ein Jahr nach Erscheinen von Suzukis VS 1400 Intruder, dem bis dato hubraumstärksten Chopper, konterte Kawasaki mit der VN-15 SE, zunächst nur VN 15 genannt. Wenig später gesellte sich noch der Beiname Vulcan hinzu. Im Gegensatz zur 750er Vulcan besaß die Dicke nur eine obenliegende Nockenwelle zur Betätigung der vier Ventile pro Zylinder und ein Viergetriebe. Zudem sah der Motor klassischer aus, da die Zylinder trotz Flüssigkeitskühlung verrippt waren. Auch hier kam ein hydraulischer Ventilspielausgleich zum Einsatz, der die Wartungskosten niedrig hielt.

Modell:	VN-15 SE Vulcan (VNT A-A/B/C)
1. Modelljahr:	1988
Preis:	13 760,– DM
Motor:	2-Zylinder-V-Motor, Viertakt, flüssigkeitsgekühlt
Leistung:	70/64 PS/51/47 kW bei 4500/5000/min
max. Drehmoment:	124/118 Nm/12,6/12,0 mkp bei 3000/3300/min
Ventilsteuerung:	ohc
Ventile pro Zyl.:	4
Hubraum:	1471 ccm
Gemischaufb.:	2 Vergaser, Ø 36 mm
Getriebe:	4-Gang
Hinterradantrieb:	Kardan
Rahmen:	Doppelschleifen-Stahlrohr
Reifen v., h.:	100/90-19, 150/90-15
Bremsen v., h.:	Scheibe, Scheibe
Federweg v., h.:	150 mm, 80 mm
Leergewicht:	284 kg
Tankinhalt:	16 l
Höchstgeschw.:	180/170 km/h

VN 800

Kawasaki hatte 1995 ein Einsehen und brachte zunächst parallel zur technisch aufwändigen VN 750 die VN 800 mit völlig neu entwickeltem V2-Motor und neuem Fahrwerk. Für die Steuerung der vier Ventile pro Zylinder war nur noch je eine obenliegende Nockenwelle verantwortlich, ein Vergaser mit 36er-Ansaugdurchmesser bereitete hinter der verchromten Luftfilterglocke das Gemisch auf. Als Hinterradantrieb diente eine O-Ring-Kette. Hinzu kam die Starrrahmenoptik, die durch ein verdeckt arbeitendes Zentralfederbein möglich wurde, und die flach angestellte Telegabel vorn.

Modell:	VN 800 (VN 800 A)
1. Modelljahr:	1995
Preis:	13 990,– DM
Motor:	2-Zylinder-V-Motor, Viertakt, flüssigkeitsgekühlt
Leistung:	55 PS/40,5 kW bei 7000/min
max. Drehmoment:	64 Nm/6,5 mkp bei 3300/min
Ventilsteuerung:	ohc
Ventile pro Zyl.:	4
Hubraum:	805 ccm
Gemischaufb.:	1 Vergaser, Ø 36 mm
Getriebe:	5-Gang
Hinterradantrieb:	Kette
Rahmen:	Doppelschleifen-Stahlrohr
Reifen v., h.:	80/90-21, 140/90-16
Bremsen v., h.:	Scheibe, Trommel
Federweg v., h.:	150 mm, 100 mm
Leergewicht:	242 kg
Tankinhalt:	15 l
Höchstgeschw.:	160 km/h
Anmerkungen:	Auch mit 34 PS lieferbar.

VN 800 Classic

Schon 1996 kam Kawasaki mit einem weiteren 800er-Modell auf den Markt, das der immer stärker in Mode kommenden Cruiserkategorie zuzurechnen war. Die wichtigsten Unterschiede der Classic waren dicke Ballonreifen auf anderen Felgen, schwere Schutzbleche aus Kunststoff, eine Telegabel mit dicken Chromblenden und eine Doppelkolben- statt der Einkolben-Schwimmsattel-Bremszange vorn. Im Unterschied zur parallel vorgestellten 1500er-Classic hatte die 800er nach wie vor eine Kette als Hinterradantrieb (VN 15 Classic: Kardan), keine Tankanzeige und eine seilzugbetätigte Kupplung.

Modell:	VN 800 Classic (VN 800 A, Ausf. B)
1. Modelljahr:	1996
Preis:	15 490,– DM
Motor:	2-Zylinder-V-Motor, Viertakt, flüssigkeitsgekühlt
Leistung:	55 PS/40,5 kW bei 7000/min
max. Drehmoment:	64 Nm/6,5 mkp bei 3300/min
Ventilsteuerung:	ohc
Ventile pro Zyl.:	4
Hubraum:	805 ccm
Gemischaufb.:	1 Vergaser, Ø 36 mm
Getriebe:	5-Gang
Hinterradantrieb:	Kette
Rahmen:	Doppelschleifen-Stahlrohr
Reifen v., h.:	130/90-16, 140/80-16
Bremsen v., h.:	Scheibe, Trommel
Federweg v., h.:	150 mm, 100 mm
Leergewicht:	254 kg
Tankinhalt:	15 l
Höchstgeschw.:	155 km/h
Anmerkungen:	Umrüstmöglichkeit auf 34 oder 50 PS.

VN 1500 Classic

1996 ging Kawasaki im Cruisersektor aufs Ganze und präsentierte neben der gleichnamigen 800er die VN 15 Classic, später offiziell VN 1500 Classic genannt. Wichtigste Unterschiede zur kleinen Schwester waren die konventionelle Hinterradschwinge mit zwei Federbeinen, der Kardanantrieb zum Hinterrad, Kotflügel aus echtem Blech, Vierganggetriebe, Scheibenbremse hinten, ein um ein Liter größeres Tankvolumen, eine Tankanzeige und eine hydraulisch betätigte Kupplung. Ab 1998 erhielt die Maschine die gleichen Motorverbesserungen wie die VN 1500 Classic Tourer, außerdem: Fünfganggetriebe, schwere Schutzbleche, Trittbretter, chromverkleidete Telegabel und Umrüstmöglichkeit auf 34 oder 50 PS.

Modell:	VN 15/1500 Classic (VNT 50 D)
1. Modelljahr:	1996
Preis:	20 490,– DM
Motor:	2-Zylinder-V-Motor, Viertakt, flüssigkeitsgekühlt
Leistung:	64 PS/47 kW bei 4700/min
max. Drehmoment:	112 Nm/11,4 mkp bei 3000/min
Ventilsteuerung:	ohc
Ventile pro Zyl.:	4
Hubraum:	1471 ccm
Gemischaufb.:	1 Vergaser, Ø 40 mm
Getriebe:	4-/5-Gang
Hinterradantrieb:	HKardan
Rahmen:	Doppelschleifen-Stahlrohr
Reifen v., h.:	130/90-16, 150/80-16
Bremsen v., h.:	Scheibe, Scheibe
Federweg v., h.:	150 mm, 87 mm
Leergewicht:	310 kg
Tankinhalt:	16 l
Höchstgeschw.:	170 km/h
Anmerkungen:	Motor aus der VN-15 SE, aber mit nur einem 40er-Vergaser.

VN 1500 Classic Tourer

Der Motor der ab 1998 verkauften VN 1500 Classic Tourer stammte aus der Basis-Classic, wurde aber mit neuem Vergaser und Drosselklappensensor (K-Tric-System) ausgestattet. Ein ungeregelter Katalysator hielt in Verbindung mit dem Sekundärluftsystem (KCA) den Schadstoffausstoß in Grenzen. Weitere Verbesserungen waren ein größerer Kühler, ein leistungsstärkerer Ventilator und ein neues Fünfganggetriebe mit Overdrive. Die Tourer rollte auf Gussrädern, vorn mit breiterem Reifen, und hatte eine Doppelbremsscheibe vorn sowie einen verstärkten Rahmen.

Modell:	VN 1500 Classic Tourer (VNT 50 G)
1. Modelljahr:	1998
Preis:	24 700,– DM
Motor:	2-Zylinder-V-Motor, Viertakt, flüssigkeitsgekühlt
Leistung:	64 PS/47 kW bei 4700/min
max. Drehmoment:	112 Nm/11,4 mkp bei 3000/min
Ventilsteuerung:	ohc
Ventile pro Zyl.:	4
Hubraum:	1471 ccm
Gemischaufb.:	1 Vergaser, Ø 40 mm
Getriebe:	5-Gang
Hinterradantrieb:	Kardan
Rahmen:	Doppelschleifen-Stahlrohr
Reifen v., h.:	150/80-16, 150/80-16
Bremsen v., h.:	Doppelscheibe, Scheibe
Federweg v., h.:	150 mm, 87 mm
Leergewicht:	310 kg
Tankinhalt:	16 l
Höchstgeschw.:	170 km/h
Anmerkungen:	VN 1500 Classic-Motor mit neuem Vergaser

VN 800 Drifter

Die Linien der VN 800 Drifter sind eindeutig von den legendären Indian-Modellen der vierziger Jahre abgekupfert. Sehr gut dazu passt die verdeckt arbeitende Unitrak-Hinterradfederung, bei der das schwere Stahlschutzblech mitschwingt. Die Technik der Drifter ist eng verwandt mit der 800er-Classic, auch wenn die Leistungs- und Drehmomentdaten geringfügig voneinander abweichen und die ersten beiden Fahrstufen sowie die Endübersetzung anders übersetzt sind. Im Gegensatz zur 1500er-Drifter wird die Kupplung der 800er per Seilzug (1500: hydraulisch) betätigt, und das Hinterrad per Kette statt per Kardan angetrieben. Umrüstmöglichkeit auf 34 PS.

Modell:	VN 800 Drifter (VN 800 C1)
1. Modelljahr:	1999
Preis:	14 990,– DM
Motor:	2-Zylinder-V-Motor, Viertakt, flüssigkeitsgekühlt
Leistung:	57 PS/42 kW bei 7500/min
max. Drehmoment:	61 Nm/6,2 mkp bei 5500/min
Ventilsteuerung:	ohc
Ventile pro Zyl.:	4
Hubraum:	805 ccm
Gemischaufb.:	1 Vergaser, Ø 36 mm
Getriebe:	5-Gang
Hinterradantrieb:	Kette
Rahmen:	Doppelschleifen-Stahlrohr
Reifen v., h.:	130/90-16, 140/80-16
Bremsen v., h.:	Scheibe, Scheibe
Federweg v., h.:	150 mm, 105 mm
Leergewicht:	267 kg
Tankinhalt:	15 l
Höchstgeschw.:	170 km/h (im 4. Gang)

VN 1500 Drifter

Das Outfit der 1500er ist dem der 800er in vielen Punkten ähnlich, nur die Duofederbeine, der Kardanantrieb und die reichhaltigere Instrumentierung sind auf den ersten Blick erkennbare Unterschiede. Beim Motor griff Kawasaki erstmals bei seinen Cruiser-Modellen auf eine Benzineinspritzung zurück, die ihre Informationen über Drosselklappenstellung, Saugrohrluftdruck, Ansauglufttemperatur, Kühlflüssigkeitstemperatur, Umgebungsluftdruck und Zündzeitpunkt bezieht. Außerdem ist in das System ein Neigungssensor integriert, der bei Umfallern den Motor stoppt.

Modell:	VN 1500 Drifter (VN 1500 J1)
1. Modelljahr:	1999
Preis:	21 490,– DM
Motor:	2-Zylinder-V-Motor, Viertakt, flüssigkeitsgekühlt
Leistung:	64 PS/47 kW bei 4700/min
max. Drehmoment:	113 Nm/11,5 mkp bei 2800/min
Ventilsteuerung:	ohc
Ventile pro Zyl.:	4
Hubraum:	1471 ccm
Gemischaufb.:	Elektronische Benzineinspritzung, Ø 36 mm
Getriebe:	5-Gang
Hinterradantrieb:	Kardan
Rahmen:	Doppelschleifen-Stahlrohr
Reifen v., h.:	130/90-16, 150/80 B16
Bremsen v., h.:	Scheibe, Scheibe
Federweg v., h.:	150 mm, 100 mm
Leergewicht:	321 kg
Tankinhalt:	16 l
Höchstgeschw.:	182 km/h

VN 1500 Classic FI

Für bessere Leistungsentfaltung und geringere Geräuschentwicklung wurde der V 2 mit Einspritzanlage, anderen Steuerzeiten, längeren Kolbenbolzen, einer Zündbox mit anderem Zündkennfeld, überarbeiteten Kanälen, einem höheren Verdichtungsverhältnis (9,0 statt 8,6:1) und dickeren Krümmern aufgewertet. Zum U-Kat gesellt sich das Kawasaki Clean Air System (KCA) für reduzierten Schadstoffausstoß. Am Fahrwerk kommen ein von 60 auf 25 Millimeter reduzierter Gabelversatz und eine neue 41-Millimeter-Telegabel zum Einsatz. Eine Doppelkolben-Schwimmsattelzange ersetzt die alte Einkolbenkonstruktion.

Modell:	VN 1500 Classic FI (VN1500 L/N1H)
1. Modelljahr:	2000
Preis:	20600,- DM
Motor:	2-Zylinder-V-Motor, Viertakt, flüssigkeitsgekühlt
Leistung:	64 PS/47 kW bei 4700/min
max. Drehmoment:	113 Nm/11,5 mkp bei 2800/min
Ventilsteuerung:	ohc
Ventile pro Zyl.:	4
Hubraum:	1471 ccm
Gemischaufb.:	Einspritzanlage
Getriebe:	5-Gang
Hinterradantrieb:	Kardan
Rahmen:	Doppelschleifen-Stahlrohr
Reifen v., h.:	130/90-16, 150/80-B16
Bremsen v., h.:	Scheibe, Scheibe
Federweg v., h.:	150 mm, 100 mm
Leergewicht:	359 kg
Tankinhalt:	16 l
Höchstgeschw.:	170 km/h
Anmerkungen:	Jetzt mit Benzineinspritzung und U-Kat.

1500 Classic Tourer FI

Alle Classic-Varianten erhielten für 2000 eine Benzineinspritzung. Außerdem erhielt der V 2 Nockenwellen mit anderen Steuerzeiten, längere Kolbenbolzen, eine Zündbox mit anderem Zündkennfeld, überarbeitete Kanäle, ein höheres Verdichtungsverhältnis (9,0 statt 8,6:1), dickere Krümmer und andere Verbesserungen. Satte 189 Millimeter Nachlauf und 1665 Millimeter Radstand sorgen für unbeirrtes Dahingleiten auf dem Highway. Ganz neu ist die 41-Millimeter-Telegabel mit Cartridge-Dämpfern vorn. An der Vorderradbremse kommen neue Bremsbeläge zum Einsatz.

Modell:	VN 1500 Classic Tourer FI (VN1500 L1)
1. Modelljahr:	2000
Preis:	25000,- DM
Motor:	2-Zylinder-V-Motor, Viertakt, flüssigkeitsgekühlt
Leistung:	64 PS/47 kW bei 4700/min
max. Drehmoment:	113 Nm/11,5 mkp bei 2800/min
Ventilsteuerung:	ohc
Ventile pro Zyl.:	4
Hubraum:	1471 ccm
Gemischaufb.:	Einspritzanlage
Getriebe:	5-Gang
Hinterradantrieb:	Kardan
Rahmen:	Doppelschleifen-Stahlrohr
Reifen v., h.:	130/90-16, 150/80-B16
Bremsen v., h.:	Scheibe, Scheibe
Federweg v., h.:	150 mm, 100 mm
Leergewicht:	364 kg
Tankinhalt:	16 l
Höchstgeschw.:	154 km/h
Anmerkungen:	Jetzt mit Benzineinspritzung und U-Kat.

VN 800 Drifter '01

Für 2001 wurde die 800er optisch aufgepeppt. Auch hier bedienten sich die Stylisten etlicher Chromteile. So glänzen nun der dicke Scheinwerfer, Motorseiten- und Ventildeckel, Blinker, Gabelverkleidung, Lenker und Armaturen, Rücklicht sowie Instrumentengehäuse um die Wette. Nach dem Vorbild der großen Drifter wertet auch der neue Solosattel mit Nietenbeschlag die Optik auf. Auf einen Katalysator wird leider weiterhin gänzlich verzichtet. Stattdessen soll ein Sekundärluftsystem (KCA/Kawasaki Clean Air System) die Abgasemissionen reduzieren.

Modell:	VN 800 Drifter (VN800 E1)
1. Modelljahr:	2001
Preis:	15690,- DM
Motor:	2-Zylinder-V-Motor, Viertakt, flüssigkeitsgekühlt
Leistung:	57 PS/42 kW bei 7500/min
max. Drehmoment:	61 Nm/6,2 mkp bei 5500/min
Ventilsteuerung:	ohc
Ventile pro Zyl.:	4
Hubraum:	805 ccm
Gemischaufb.:	1 Vergaser, Ø 36 mm
Getriebe:	5-Gang
Hinterradantrieb:	Kette
Rahmen:	Doppelschleifen-Stahlrohr
Reifen v., h.:	130/90-16, 140/90-16
Bremsen v., h.:	Scheibe, Scheibe
Federweg v., h.:	150 mm, 105 mm
Leergewicht:	265 kg
Tankinhalt:	15 l
Höchstgeschw.:	170 km/h
Anmerkungen:	Auch mit 34 PS/25 kW lieferbar.

VN 1500 Drifter '01

Fürs Modelljahr 2001 hat Kawasaki den großen Indianer aufgefrischt, um die Maschine authentischer erscheinen zu lassen und sie noch näher ans Indian-Vorbild heranzubringen. Hier setzen die Grünen auf Chrom an Scheinwerfer, Motorseiten- und Ventildeckel, den nun freiliegenden Federn der Stoßdämpfer hinten, Blinker, Gabelverkleidung, Lenker und Armaturen, Rücklicht sowie Instrumentengehäuse. Der neue falzlose Tank mit drei Liter größerem Volumen sowie der neue Solosattel mit Nietenbeschlag machen aus der Drifter ein optisch noch ansprechenderes Motorrad. Die übrige Technik blieb gleich.

Modell:	1500 Drifter (VN1500 R1H)
1. Modelljahr:	2001
Preis:	21670,- DM
Motor:	2-Zylinder-V-Motor, Viertakt, flüssigkeitsgekühlt
Leistung:	64 PS/47 kW bei 4700/min
max. Drehmoment:	113 Nm/11,5 mkp bei 2800/min
Ventilsteuerung:	ohc
Ventile pro Zyl.:	4
Hubraum:	1471 ccm
Gemischaufb.:	Einspritzanlage
Getriebe:	5-Gang
Hinterradantrieb:	Kardan
Rahmen:	Doppelschleifen-Stahlrohr
Reifen v., h.:	130/90-16, 150/80-B16
Bremsen v., h.:	Scheibe, Scheibe
Federweg v., h.:	150 mm, 100 mm
Leergewicht:	325 kg
Tankinhalt:	16 l
Höchstgeschw.:	182 km/h
Anmerkungen:	Auch mit 34 PS/25 kW lieferbar.

VN 1500 Mean Streak

Per »grimmigem Zug« wurde aus der VN 1500 Classic die »Mean Streak«. Die gestreckte Linienführung folgt der derzeit angesagten Cruisermode. Der wassergekühlte V-Twin stammt aus den bekannten Cruisermodellen der Marke. Mit Modifikationen wie größeren Ventilen, anderen Steuerzeiten und einer Zwei-in-zwei-Auspuffanlage entwickelt der Motor 72 PS bei 5500 Touren – sieben mehr als die 1500er-Schwestern der Marke. Vorn setzt man auf eine Upside-down-Gabel und 320er-Discs plus Sechskolbenstopper aus dem Supersportregal der Marke. Auf die 17-Zoll-Gussräder sind hafftfreudige Dunlop Sportmax aufgezogen.

Modell:	VN 1500 Mean Streak (VN1500-P1H)
1. Modelljahr:	2002
Preis:	11995,- EUR
Motor:	2-Zylinder-V-Motor, Viertakt, flüssigkeitsgekühlt
Leistung:	72 PS/53 kW bei 5500/min
max. Drehmoment:	114 Nm/11,6 mkp bei 3000/min
Ventilsteuerung:	ohc
Ventile pro Zyl.:	4
Hubraum:	1471 ccm
Gemischaufb.:	Einspritzanlage
Getriebe:	5-Gang
Hinterradantrieb:	Kardan
Rahmen:	Doppelschleifen-Stahlrohr
Reifen v., h.:	130/70 R 17, 170/60 R 17
Bremsen v., h.:	Doppelscheibe, Scheibe
Federweg v., h.:	150 mm, 87 mm
Leergewicht:	316 kg
Tankinhalt:	17 l
Höchstgeschw.:	185 km/h
Anmerkungen:	Mit U-Kat und Sekundärluftsystem.

VN 1600 Classic

Nach der Mean Streak 2002 holt Kawasaki zum zweiten Generalschlag gegen die etablierte Power-Cruiser-Gilde aus. Die neue VN 1600 Classic stellt in Sachen Hubraum momentan das Nonplusultra im Hause Kawasaki dar. Das gedrungene Äußere folgt der Devise »Long and Low«, hier dominieren Leichtmetall-Gussräder und schwere Schutzbleche das Erscheinungsbild. Der V 2 basiert auf dem der VN 1500 Classic. Die Kawasaki-Techniker verpassten dem Aggregat fünf Millimeter mehr Hub, was ihm zu einem Hubraum von exakt 1552 Kubikzentimetern verhilft. Der Doppelschleifenrahmen ist eine Mixtur aus runden und eckigen Stahlprofilen.

Modell:	VN 1600 Classic (VN1600-A1)
1. Modelljahr:	2003
Preis:	11390,- EUR
Motor:	2-Zylinder-V-Motor, Viertakt, flüssigkeitsgekühlt
Leistung:	67 PS/49 kW bei 4500/min
max. Drehmoment:	129 Nm/13,2 kW bei 2500/min
Ventilsteuerung:	ohc
Ventile pro Zyl.:	4
Hubraum:	1552 ccm
Gemischaufb.:	Einspritzanlage
Getriebe:	5-Gang
Hinterradantrieb:	Kardan
Rahmen:	Doppelschleifen-Stahlrohr
Reifen v., h.:	130/90-16, 170/70 B16
Bremsen v., h.:	Doppelscheibe, Scheibe
Federweg v., h.:	150 mm, 95 mm
Leergewicht:	325 kg
Tankinhalt:	19 l
Höchstgeschw.:	182 km/h
Anmerkungen:	Mit U-Kat und Sekundärluftsystem.

Zephyr 550

1990 überraschte Kawasaki die Motorradwelt mit zwei Neoklassikern namens Zephyr. Dieser Name prangte übrigens im ersten Modelljahr groß auf dem Tank, der Kawasaki-Schriftzug rückte erst 1992 an diese Stelle. Das mehr sportlich ausgelegte 550er-Modell mit Vier-in-eins-Auspuffanlage ohne Hauptständer war aufgrund des Leergewichts von 199 Kilogramm und 780 Millimetern Sitzhöhe auch sehr beliebt bei Einsteigern. Daher bot Kawasaki die Maschine parallel mit 27 PS an. Ab 1994 war sie mit 34 PS bei 9500/min lieferbar (Spitze 152 km/h), 1995 entwickelte die nunmehrige B6 ihre 34 PS bei 7800/min. Die bis 1990 im Programm verbleibende 550er hieß nur noch Zephyr und rollte nach wie vor auf Gussrädern.

Modell:	Zephyr 550
1. Modelljahr:	1991/1993/1994/1995
Preis:	8490,–/9460,–/10 490,–/10 970,– DM
Motor:	4-Zylinder-Reihenmotor, Viertakt, fahrtwindgekühlt
Leistung:	27/50 PS bei 7800/10000/min
max. Drehmoment:	35/40 Nm bei 3500/6000/min
Ventilsteuerung:	dohc
Ventile pro Zyl.:	2
Hubraum:	554 ccm
Gemischaufb.:	4 Vergaser, Ø 30 mm
Getriebe:	6-Gang
Hinterradantrieb:	Kette
Rahmen:	Doppelschleifen-Stahlrohr
Reifen v., h.:	110/80-17 57H, 140/70-18 67H
Bremsen v., h.:	Doppelscheibe, Scheibe
Federweg v., h.:	140 mm, 115 mm
Leergewicht:	199/200/202 kg
Tankinhalt:	15 l
Höchstgeschw.:	142/173 km/h

Zephyr 750

Die gemeinsam mit der 550er auf der IFMA 1990 vorgestellte Zephyr 750 ging vom Motor her auf die alte Z 650 zurück, aus der später 750er-Modelle abgeleitet wurden. Wie bei der 550er prangte der Modellname Zephyr allein nur im ersten Modelljahr auf dem Tank. 1992 wurde er hier durch den Kawasaki-Schriftzug ersetzt und gemeinsam mit der Hubraumangabe auf den Seitendeckel verbannt. Im Gegensatz zur 550er hatte die 750er Hauptständer, Fünfganggetriebe, Vier-in-zwei-Auspuffanlage und andere Rad-/Reifendimensionen. 1996, im Modell C5, wurde die Motorleistung auf 76 PS angehoben. Die Spitzengeschwindigkeit betrug 205 km/h.

Modell:	Zephyr 750 (ZR 750 C1/C4/C5)
1. Modelljahr:	1991/1994/1995
Preis:	9990,–/12 190,–/ 12 800,– DM
Motor:	4-Zylinder-Reihenmotor, Viertakt, fahrtwindgekühlt
Leistung:	72/76 PS/53/56 kW bei 9500/min
max. Drehmoment:	59/63 Nm/6,0/6,4 mkp bei 7300/min
Ventilsteuerung:	dohc
Ventile pro Zyl.:	2
Hubraum:	739 ccm
Gemischaufb.:	4 Vergaser, Ø 32 mm
Getriebe:	5-Gang
Hinterradantrieb:	Kette
Rahmen:	Doppelschleifen-Stahlrohr
Reifen v., h.:	120/70-17 58H, 150/70-17 69H
Bremsen v., h.:	Doppelscheibe, Scheibe
Federweg v., h.:	140 mm, 115 mm
Leergewicht:	215/217 kg
Tankinhalt:	17 l
Höchstgeschw.:	198/205 km/h

Zephyr 750

1996 nahm Kawasaki an der Zephyr 750 zwei ganz entscheidende Änderungen vor, die das Motorrad noch näher an seine Urahnen à la 900 Z 1 heranrückte: Die 750er war fortan mit formschönen Drahtspeichenrädern ausgestattet und in den Klassikfarben Orange/Braunmetallic sowie Silber/Schwarz erhältlich. Gleichzeitig wurden anders gelochte Bremsscheiben mit von der Urversion abweichenden Maßen eingeführt. Bei der übrigen Technik bediente man sich der des Vorgängermodells ZR 750 C5, die bereits mit 76 PS bei 9500/min und 63 Nm bei 7300/min aufgetrumpft hatte.

Modell:	Zephyr 750 (ZR 750 D1)
1. Modelljahr:	1996
Preis:	12 990,– DM
Motor:	4-Zylinder-Reihenmotor, Viertakt, fahrtwindgekühlt
Leistung:	76 PS/56 kW bei 9500/min
max. Drehmoment:	63 Nm/6,4 mkp bei 7300/min
Ventilsteuerung:	dohc
Ventile pro Zyl.:	2
Hubraum:	739 ccm
Gemischaufb.:	4 Vergaser, Ø 32 mm
Getriebe:	5-Gang
Hinterradantrieb:	Kette
Rahmen:	Doppelschleifen-Stahlrohr
Reifen v., h.:	120/70-17 58H, 150/70-17 69H
Bremsen v., h.:	Doppelscheibe, Scheibe
Federweg v., h.:	140 mm, 115 mm
Leergewicht:	228 kg
Tankinhalt:	17 l
Höchstgeschw.:	205 km/h
Anmerkungen:	410 statt 400 kg zul. Gesamtgewicht.

Zephyr 1100

Ende 1991 wurde die Zephyr-Reihe mit der gleichnamigen 1100er komplettiert. Der Motor stammte nicht vom alten 1100er-Aggregat, sondern vom wesentlich moderneren Vierzylinder aus der in Deutschland offiziell nicht erhältlichen Voyager 1200 ab. Leider verzichtete Kawasaki auf den hydraulischen Ventilspielausgleich des Urmotors. Dafür besaß die Zephyr 1100 das als Clean Air bekannte Sekundärluftsystem, Doppelzündung und Antihopping-Kupplung. Eine zahnradgelriebene Ausgleichswelle hielt die Vibrationen im Zaum, ein Ölkühler sorgte für gesunden Temperaturhaushalt.

Modell:	Zephyr 1100
1. Modelljahr:	1992/1993/1994/1995
Preis:	14 245,–/14 665,–/16 215,–/16 775,– DM
Motor:	4-Zylinder-Reihenmotor, Viertakt, fahrtwindgekühlt
Leistung:	93 PS/68 kW bei 8000/8300/min
max. Drehmoment:	88/87 Nm/9,0/8,9 mkp bei 7000/min
Ventilsteuerung:	dohc
Ventile pro Zyl.:	2
Hubraum:	1062 ccm
Gemischaufb.:	4 Vergaser, Ø 34 mm
Getriebe:	5-Gang
Hinterradantrieb:	Kette
Rahmen:	Doppelschleifen-Stahlrohr
Reifen v., h.:	120/70 V 18/120/70-18 59V, 160/70 V 17/160/70-17 73V
Bremsen v., h.:	Doppelscheibe, Scheibe
Federweg v., h.:	130 mm, 115 mm
Leergewicht:	262 kg
Tankinhalt:	19 l
Höchstgeschw.:	213 km/h

Zephyr 1100

Auch die Zephyr 1100 erfuhr, bei unveränderten Motordaten, 1996 durch die neuen Drahtspeichenräder eine deutliche Aufwertung ihres klassischen Erscheinungsbilds. Gleichzeitig kamen neue Bremsscheiben zum Einsatz, die anders gelocht waren und geringfügig andere Maße aufwiesen. Zudem gab's – wie im Falle der 750er auch – neue Lackierungen in Dreifarbdekor. Mit diesen Neuerungen einher ging ein höheres Leergewicht, das nun 272 statt 262 Kilogramm betrug. Daher hob Kawasaki das zulässige Gesamtgewicht von 445 auf 455 Kilogramm an. Die 1100er wurde allerdings schon nach 1998 aus dem Programm genommen.

Modell:	Zephyr 1100 (ZRT 10 B1)
1. Modelljahr:	1996
Preis:	16 775,– DM
Motor:	4-Zylinder-Reihenmotor, Viertakt, fahrtwindgekühlt
Leistung:	93 PS/68 kW bei 8300/min
max. Drehmoment:	87 Nm/8,9 mkp bei 7000/min
Ventilsteuerung:	dohc
Ventile pro Zyl.:	2
Hubraum:	1062 ccm
Gemischaufb.:	4 Vergaser, Ø 34 mm
Getriebe:	5-Gang
Hinterradantrieb:	Kette
Rahmen:	Doppelschleifen-Stahlrohr
Reifen v., h.:	120/70-18 59V, 160/70-17 73V
Bremsen v., h.:	Doppelscheibe, Scheibe
Federweg v., h.:	130 mm, 115 mm
Leergewicht:	272 kg
Tankinhalt:	19 l
Höchstgeschw.:	213 km/h

Estrella

Kawasaki betrieb dieses Mal ganz gezielt Marktforschung und stellte die Estrella zunächst auf der IFMA 1992 als »Diskussionsgrundlage« aus. Ganz nach dem Motto »Wie würden Sie entscheiden?« wollte man die Motorradfans aus der Reserve locken und sie nach Verkaufschancen abtasten. Mehr oder weniger einhellig kam die Antwort, dass die Maschine eigentlich mehr Hubraum haben müßte, mindestens 500 Kubikzentimeter, um an alte Ideale à la BSA oder später der erfolgreichen Yamaha SR 500 anknüpfen zu können. Doch Kawasaki blieb beim 250er-Konzept und hatte damit Erfolg.

Modell:	Estrella, Solo (BJ 250 A)
1. Modelljahr:	1994
Preis:	7760,– DM
Motor:	1-Zylinder-Motor, Viertakt, fahrtwindgekühlt
Leistung:	17 PS/13 kW bei 7500/min
max. Drehmoment:	18,3 Nm/1,87 mkp bei 5000/min
Ventilsteuerung:	ohc
Ventile pro Zyl.:	2
Hubraum:	249 ccm
Gemischaufb.:	1 Vergaser, Ø 34 mm
Getriebe:	5-Gang
Hinterradantrieb:	Kette
Rahmen:	Doppelschleifen-Stahlrohr
Reifen v., h.:	90/90-18 51P, 110/90-17 60P
Bremsen v., h.:	Scheibe, Scheibe
Federweg v., h.:	120 mm, 75 mm
Leergewicht:	156 kg
Tankinhalt:	14 l
Höchstgeschw.:	118 km/h
Anmerkungen:	Urmodell der Estrella mit Soloschwingsattel.

Estrella

Auch die zweite Version der Estrella für Soziusbetrieb – ab 1996 angeboten – bewies ausreichend Selbstbewusstsein, um sich auf dem Markt zu behaupten. Die leicht geschwungene Sitzbank orientierte sich ganz an alten englischen Vorbildern und fügte sich harmonisch in das Gesamtkonzept ein. Gleichzeitig wurden natürlich hintere Fußrasten notwendig, die rechte Raste war mit am Rahmenausleger für den Auspufftopf befestigt. Eine nachträgliche Umrüstung des Solomodells auf Soziusarrangements war wegen unterschiedlicher Homologation nicht möglich.

Modell:	Estrella, Duo (BJ 250 A)
1. Modelljahr:	1996
Preis:	7990,– DM
Motor:	1-Zylinder-Motor, Viertakt, fahrtwindgekühlt
Leistung:	17 PS/13 kW bei 7500/min
max. Drehmoment:	18,3 Nm/1,87 mkp bei 5000/min
Ventilsteuerung:	ohc
Ventile pro Zyl.:	2
Hubraum:	249 ccm
Gemischaufb.:	1 Vergaser, Ø 34 mm
Getriebe:	5-Gang
Hinterradantrieb:	Kette
Rahmen:	Doppelschleifen-Stahlrohr
Reifen v., h.:	90/90-18 51P, 110/90-17 60P
Bremsen v., h.:	Scheibe, Scheibe
Federweg v., h.:	120 mm, 75 mm
Leergewicht:	156 kg
Tankinhalt:	14 l
Höchstgeschw.:	118 km/h
Anmerkungen:	Estrella mit Soziussitzbank.

ER-5

1997 wurde der bewährte Zweizylinder-Viertakter modifiziert und in eine weitere Fahrwerksversion verbaut, nachdem bereits EN 500, GPZ 500 S und KLE 500 von diesem Aggregat angetrieben wurden. Die zunächst nur ER-5 genannte, nackte Allroundmaschine versuchte, mit einem Dumpingpreis von gerade mal 8490 Mark in den Markt der unverkleideten, kostengünstigen Einsteigermotorräder à la Honda CB 500, Suzuki GS 500 E und Yamaha XJ 600 N einzubrechen. Im Rahmen der darauffolgenden Werbekampagne ermittelte Kawasaki in einem Preisausschreiben für die Kunden den Beinamen »Twister« (Wirbelsturm).

Modell:	ER-5 Twister (ER 500 A, Ausf. A und B)
1. Modelljahr:	1997
Preis:	8490,– DM
Motor:	2-Zylinder-Reihenmotor, Viertakt, flüssigkeitsgekühlt
Leistung:	34/50 PS/25/37 kW bei 8000/9000/min
max. Drehmoment:	37/45 Nm/3,8/4,6 mkp bei 4500/7200/min
Ventilsteuerung:	dohc
Ventile pro Zyl.:	4
Hubraum:	499 ccm
Gemischaufb.:	2 Vergaser, Ø 34 mm
Getriebe:	6-Gang
Hinterradantrieb:	Kette
Rahmen:	Doppelschleifen-Stahlrohr
Reifen v., h.:	110/70-17 54H, 130/70-17 62H
Bremsen v., h.:	Scheibe, Scheibe
Federweg v., h.:	140 mm, 80 mm
Leergewicht:	189 kg
Tankinhalt:	15 l
Höchstgeschw.:	155/175 km/h

ZRX 1100

Im Stil der Eddie-Lawson-Replica Z 1000 R von 1983 kam 1997 die ZRX 1100 mit Leichtmetall-Rundrohrschwinge und Cockpitverkleidung auf den Markt. Die ZRX griff auf bewährte Motortechnik zurück. Der Reihenvierzylinder stammte aus der GPZ 1100, wurde aber wegen der geeigneteren Optik mit Kühlrippen am Zylinderkopf versehen. Außerdem erhielt die Maschine ein Fünfganggetriebe, das entsprechend neu abgestuft werden musste, Vergaser mit 36 Millimetern Ansaugdurchmesser und einen Sensor zur Anpassung der Drosselklappenstellung an die Zündkurve.

Modell:	ZRX 1100 (ZRT 10 C)
1. Modelljahr:	1997
Preis:	16 490,– DM
Motor:	4-Zylinder-Reihenmotor, Viertakt, flüssigkeitsgekühlt
Leistung:	98/106 PS/72/78 kW bei 8500/8700/min
max. Drehmoment:	95/98 Nm/9,7/10 mkp bei 6000/7000/min
Ventilsteuerung:	dohc
Ventile pro Zyl.:	4
Hubraum:	1052 ccm
Gemischaufb.:	4 Vergaser, Ø 36 mm
Getriebe:	5-Gang
Hinterradantrieb:	Kette
Rahmen:	Doppelschleifen-Stahlrohr
Reifen v., h.:	120/70 ZR 17, 170/60 ZR 17
Bremsen v., h.:	Doppelscheibe, Scheibe
Federweg v., h.:	125 mm, 87,5 mm
Leergewicht:	245 kg
Tankinhalt:	20 l
Höchstgeschw.:	217/225 km/h
Anmerkungen:	Sechskolbenzangen vorn.

ZR-7

Als moderne, preiswerte Ergänzung zur Zephyr 750 bietet Kawasaki 1999 die neue ZR-7 an. Der Zweiventil-Vierzylindermotor stammt von der Zephyr 750, wo er sich bis ins neunte Modelljahr hinein bewährte. In der ZR-7 kommen ein überarbeiteter Zylinderkopf, modifizierte Zylinder und Motordeckel, vier 32er Keihin-Gleichdruckvergaser mit Drosselklappensensor, eine Vier-in-eins-Auspuffanlage sowie ein verbessertes Fünfganggetriebe zum Einsatz. Der Doppelschleifenrahmen nimmt vorn eine 41-Millimeter-Telegabel und hinten eine Stahlschwinge mit Unitrak-Federungssystem auf.

Modell:	ZR-7 (ZR 750 F 1)
1. Modelljahr:	1999
Preis:	11 260,– DM
Motor:	4-Zylinder-Reihenmotor, Viertakt, fahrtwindgekühlt
Leistung:	76 PS/56 kW bei 9500/min
max. Drehmoment:	63 Nm/6,4 mkp bei 7300/min
Ventilsteuerung:	dohc
Ventile pro Zyl.:	2
Hubraum:	739 ccm
Gemischaufb.:	4 Vergaser, Ø 32 mm
Getriebe:	5-Gang
Hinterradantrieb:	Kette
Rahmen:	Doppelschleifen-Stahlrohr
Reifen v., h.:	120/70 ZR 17 58W, 160/60 ZR 17 69W
Bremsen v., h.:	Doppelscheibe, Scheibe
Federweg v., h.:	130 mm, 130 mm
Leergewicht:	228 kg
Tankinhalt:	22 l
Höchstgeschw.:	205 km/h
Anmerkungen:	Mit manipulationssicherem Zündschloss, Benzinstandsanzeige.

W 650

Die Überraschung war perfekt, als Kawasaki 1998 erste Bilder von der neuen W 650 veröffentlichte – Erinnerungen an die 650 W 1 von 1966 wurden wach. Nach den Zephyr-Modellen und der Estrella tritt ein weiteres klassisch gestyltes Kawasaki-Straßenmotorrad an, sich in die Gunst der Nostalgiefans zu fahren. Ebenso überraschend ist die aufwändige Nockenwellensteuerung per Königswelle, die den Oldtimer-Touch unterstreicht. Da, wo es sinnvoll ist, kommt aber moderne Technik zum Einsatz, wie Vierventilköpfe, Gleichdruckvergaser, Elekrostarter und Sekundärluftsystem zeigen.

Modell:	W 650 (EJ 650 A 1)
1. Modelljahr:	1999
Preis:	11 990,– DM
Motor:	2-Zylinder-Reihenmotor, Viertakt, fahrtwindgekühlt
Leistung:	50 PS/37 kW bei 7000/min
max. Drehmoment:	56 Nm/5,7 mkp bei 5500/min
Ventilsteuerung:	ohc
Ventile pro Zyl.:	4
Hubraum:	676 ccm
Gemischaufb.:	2 Vergaser, Ø 34 mm
Getriebe:	5-Gang
Hinterradantrieb:	Kette
Rahmen:	Doppelschleifen-Stahlrohr
Reifen v., h.:	100/90-19 H, 130/80-18H
Bremsen v., h.:	Doppelscheibe, Scheibe
Federweg v., h.:	130 mm, 85 mm
Leergewicht:	215 kg
Tankinhalt:	15 l
Höchstgeschw.:	165 km/h
Anmerkungen:	Klassischer Doppelschleifenrahmen aus Stahl, Duo-Federbeine und Primärantrieb per Zahnrad.

ER-5 Twister

Im Mittelpunkt der Modifikationen für 2001 stehen ein neuer Tank (17 statt 15 Liter) mit versenktem Verschluss, eine neue Sitzbank und neue Seitenverkleidungen. Neue obere Rahmenträger erleichtern Pflege- und Wartungsarbeiten. Längere Federbeine mit 14 Millimeter mehr Hub und geänderte Aufnahmen am Rahmen erhöhen den Komfort. Neue Protektoren, die auch an der Telegabel zum Einsatz kommen, schützen Laufflächen und Simmerringe. Doppelkolben-Schwimmsättel mit unterschiedlich großen Bremskolben und andere Scheiben vorn verbessern Dosierbarkeit und Abriebverhalten. Ab 2002 entfällt der Beiname Twister.

Modell:	ER-5 Twister (ER5 C/D1)
1. Modelljahr:	2001
Preis:	8960,- DM
Motor:	2-Zylinder-Reihenmotor, Viertakt, flüssigkeitsgekühlt
Leistung:	50 PS/37 kW bei 9000/min
max. Drehmoment:	45 Nm/4,6 mkp bei 7200/min
Ventilsteuerung:	dohc
Ventile pro Zyl.:	4
Hubraum:	499 ccm
Gemischaufb.:	2 Vergaser, Ø 34 mm
Getriebe:	6-Gang
Hinterradantrieb:	Kette
Rahmen:	Doppelschleifen-Stahlrohr
Reifen v., h.:	110/70-17, 130/70-17
Bremsen v., h.:	Scheibe, Scheibe
Federweg v., h.:	125 mm, 114 mm
Leergewicht:	199 kg
Tankinhalt:	17 l
Höchstgeschw.:	180 km/h
Anmerkungen:	Mit Fahrwerks- und Design-Änderungen, auch mit 34 PS/25 kW lieferbar.

ZR-7 S

Dem nackten Basismodell wird 2001 eine Version mit Halbschale und leuchtstarkem Doppelscheinwerfer namens ZR-7 S zur Seite gestellt. Die übrige Technik ist identisch. Der luftgekühlte Vierzylinder-Reihenmotor stammt ursprünglich von Kawasakis Erfolgsschlager Zephyr 750. Wichtigste Unterschiede zum Zephyr-Motor sind der TPS-Drosselklappensensor an den 32er-Keihin-Gleichdruckvergasern, ein überarbeiteter Zylinderkopf, andere Zylinder sowie eine Vier-in-eins-Auspuffanlage. Beide Modelle werden mit einem Sekundärluftsystem ausgeliefert, das die Abgasemissionen vermindert.

Modell:	ZR-7 S (ZR750 H1)
1. Modelljahr:	2001
Preis:	13220,- DM
Motor:	4-Zylinder-Reihenmotor, Viertakt, luftgekühlt
Leistung:	76 PS/56 kW bei 9500/min
max. Drehmoment:	63 Nm/6,4 mkp bei 7300/min
Ventilsteuerung:	dohc
Ventile pro Zyl.:	2
Hubraum:	739 ccm
Gemischaufb.:	4 Vergaser, Ø 32 mm
Getriebe:	5-Gang
Hinterradantrieb:	Kette
Rahmen:	Doppelschleifen-Stahlrohr
Reifen v., h.:	120/70 ZR 17, 160/60 ZR 17
Bremsen v., h.:	Doppelscheibe, Scheibe
Federweg v., h.:	130 mm, 130 mm
Leergewicht:	236 kg
Tankinhalt:	22 l
Höchstgeschw.:	205 km/h
Anmerkungen:	Auch mit 34 PS/25 kW lieferbar.

ZRX 1200

Kawasaki hat noch mal eins drauf gelegt und die ZRX für 2001 auf knapp 1200 Kubikzentimeter Hubraum aufgestockt. Neben dem bekannten Modell mit Cockpitschale (ZRX 1200 R) gibt es nun in Deutschland auch diese nackte (ZRX 1200) und eine halbverschalte Version (ZRX 1200 S). Damit sind die »Grünen« bestens gerüstet gegen starke Konkurrenz. Im Rahmen der Hubraumaufstockung verpassten die Ingenieure der ZRX auch gleich einen Satz galvanisch beschichtete Aluminiumzylinder, die weniger wiegen, die Wärmeableilung verbessern und verschleißfester sind.

Das Basismodell der neuen 1200er-ZRX-Reihe ist auch mit 34 PS/25 kW lieferbar.

Modell:	ZRX 1200 (ZR1200 C1P)
1. Modelljahr:	2001
Preis:	17720,- DM
Motor:	4-Zylinder-Reihenmotor, Viertakt, flüssigkeitsgekühlt
Leistung:	122 PS/90 kW bei 8500/min
max. Drehmoment:	112 Nm/11,4 mkp bei 7000/min
Ventilsteuerung:	dohc
Ventile pro Zyl.:	4
Hubraum:	1165 ccm
Gemischaufb.:	4 Vergaser, Ø 36 mm
Getriebe:	5-Gang
Hinterradantrieb:	Kette
Rahmen:	Doppelschleifen-Stahlrohr
Reifen v., h.:	120/70 ZR 17, 180/55 ZR 17
Bremsen v., h.:	Doppelscheibe, Scheibe
Federweg v., h.:	120 mm, 123 mm
Leergewicht:	245 kg
Tankinhalt:	19 l
Höchstgeschw.:	238 km/h

ZRX 1200 R

Die R ist nach wie vor angelehnt an Eddie Lawsons KZ 1000 R-S1 und deren Serienableger Z 1000 R. Dazu passt die Leichtmetall-Hinterradschwinge im Superbike-Look mit versteifendem Unterrohr, die nochmals verstärkt wurde und nun einen leicht veränderten Schwingendrehpunkt aufweist. Damit werden Traktion und Handling besser. Beibehalten hat Kawasaki die praktische Exzenterlagerung der Hinterradachse, die das Kettespannen erleichtert. Der Hubraumzuwachs wirkt sich auf die Leistungscharakteristik aus, das breite Drehzahlband des Reihenvierers ist noch opulenter geworden.

Modell:	ZRX 1200 R (ZR1200 A1P)
1. Modelljahr:	2001
Preis:	18220,- DM
Motor:	4-Zylinder-Reihenmotor, Viertakt, flüssigkeitsgekühlt
Leistung:	122 PS/90 kW bei 8500/min
max. Drehmoment:	112 Nm/11,4 mkp bei 7000/min
Ventilsteuerung:	dohc
Ventile pro Zyl.:	4
Hubraum:	1165 ccm
Gemischaufb.:	4 Vergaser, Ø 36 mm
Getriebe:	5-Gang
Hinterradantrieb:	Kette
Rahmen:	Doppelschleifen-Stahlrohr
Reifen v., h.:	120/70 ZR 17, 180/55 ZR 17
Bremsen v., h.:	Doppelscheibe, Scheibe
Federweg v., h.:	120 mm, 123 mm
Leergewicht:	246 kg
Tankinhalt:	19 l
Höchstgeschw.:	242 km/h
Anmerkungen:	Auch mit 34 PS/25 kW lieferbar.

ZRX 1200 S

Neben dem bekannten Modell mit Cockpitschale (ZRX 1200 R) und der nackten Version (ZRX 1200) gibt es nun auch diese Variante mit Halbschale. Damit ist ein noch vielfältiger einsetzbares Modell hinzugekommen, das vor allem auf längeren Touren mehr Komfort bietet. Die angenehm hohe Scheibe schützt den Oberkörper effektiv vor Fahrtwind und erlaubt entspanntes Fahren. Zudem erhielt die S durch den breiten Doppelscheinwerfer ein sportlich-markantes Gesicht. Die übrige Technik und Optik ist identisch mit der der Schwestermodelle.

Modell:	ZRX 1200 S (ZR1200 B1P)
1. Modelljahr:	2001
Preis:	18720,- DM
Motor:	4-Zylinder-Reihenmotor, Viertakt, flüssigkeitsgekühlt
Leistung:	122 PS/90 kW bei 8500/min
max. Drehmoment:	112 Nm/11,4 mkp bei 7000/min
Ventilsteuerung:	dohc
Ventile pro Zyl.:	4
Hubraum:	1165 ccm
Gemischaufb.:	4 Vergaser, Ø 36 mm
Getriebe:	5-Gang
Hinterradantrieb:	Kette
Rahmen:	Doppelschleifen-Stahlrohr
Reifen v., h.:	120/70 ZR 17, 180/55 ZR 17
Bremsen v., h.:	Doppelscheibe, Scheibe
Federweg v., h.:	120 mm, 123 mm
Leergewicht:	250 kg
Tankinhalt:	19 l
Höchstgeschw.:	235 km/h
Anmerkungen:	Auch mit 34 PS/25 kW lieferbar.

Z 1000

Ganz am neuen Firmenmotto »No Compromises« entwickelte Kawasaki die Z 1000. Mit der schmalen, aggressiv ausschauenden Cockpitschale, dem modernen Doppelscheinwerfer, der weit nach oben reichenden Heckpartie und der stämmigen Upside-down-Gabel repräsentiert sie den Streetfighter in Serie. Die vier Endschalldämpfer erinnern an die legendäre 900 Z 1, mit der Kawasaki ab 1974 die Motorradmärkte in den USA und Europa aufmischte. Der Reihenvierzylinder stammt von der ZX-9 R, wurde aber nochmals aufgebohrt und hat nun 953 Kubikzentimeter Hubraum.

Modell:	Z 1000 (ZR1000-A1)
1. Modelljahr:	2003
Preis:	9990,- EUR
Motor:	4-Zylinder-Reihenmotor, Viertakt, flüssigkeitsgekühlt
Leistung:	127 PS/93 kW bei 10000/min
max. Drehmoment:	96 Nm/9,8 mkp bei 8000/min
Ventilsteuerung:	dohc
Ventile pro Zyl.:	4
Hubraum:	953 ccm
Gemischaufb.:	Einspritzanlage, Ø 38 mm
Getriebe:	6-Gang
Hinterradantrieb:	Kette
Rahmen:	Stahl-Brückenrahmen
Reifen v., h.:	120/70 ZR 17, 190/50 ZR 17
Bremsen v., h.:	Doppelscheibe, Scheibe
Federweg v., h.:	120 mm, 135 mm
Leergewicht:	217 kg
Tankinhalt:	18 l
Höchstgeschw.:	250 km/h
Anmerkungen:	Auch mit 98 PS/72 kW. Mit U-Kat.

ZXR 750/R

Als die ZXR 1989 (H1) auf den Markt kam, zählte sie zu den kompromißlosesten Sportlern. Schon 1990 (H2) stand die erste Überarbeitung mit 38er- statt 36er-Vergasern und vier Kilogramm leichterem Fahrwerk an. Das Modell J ab 1991 kam mit kurzhubigerem Motor, Tassenstößeln, neuem Rahmen, Upside-down-Gabel und breiterem 180er-Hinterradreifen. 1993 erschien die L1 mit neuem Motor und Fahrwerk sowie ohne Luftschläuche. Neben der Standard- gab es ab 1991 auch eine R-Version als Homologationsmodell zur Superbike-WM, die 1993 unter Scott Russell gewann.

Modell:	ZXR 750/R
1. Modelljahr:	1989/1990/1991/1993
Preis:	15 000,–/16 020,–/16 790,–/18 030,– DM; Modell R ('91/'93) 21 750,–/23 290,– DM
Motor:	4-Zylinder-Reihenmotor, Viertakt, flüssigkeitsgekühlt
Leistung:	100 PS/74 kW bei 10500/10000/11000/10800/min
max. Drehmoment:	73/78/77 Nm/7,4/7,9/7,8 mkp bei 9000/9500/9000/min
Ventilsteuerung:	dohc
Ventile pro Zyl.:	4
Hubraum:	749 ccm
Gemischaufb.:	4 Vergaser, Ø 36/38/39 mm
Getriebe:	6-Gang
Hinterradantrieb:	Kette
Rahmen:	Leichtmetall-Brückenrahmen
Reifen v., h.:	120/70 VR/ZR 17, 170/60 VR 17/ 180/55 VR/ZR 17
Bremsen v., h.:	Doppelscheibe, Scheibe
Federweg v., h.:	120 mm, 120 mm
Leergewicht:	235/231/229 kg
Tankinhalt:	18 l
Höchstgeschw.:	235/240 km/h

ZXR 400

Wieder einmal wartete Kawasaki die Publikumsresonanz auf der IFMA (1990) ab, ehe man ein Motorrad nach Deutschland importierte. Der Zuspruch für die ZXR 400 war groß, und so kam der kleine Renner 1991 hierzulande auf den Markt. Auf den ersten Blick handelte es sich dabei um eine verkleinerte Ausgabe des 750er-ZXR-Modells. Neben den kleineren Maßen und Gewichten waren der hubraumschwächere Motor und die Betätigung der Ventile per Schlepphebel auffallende Unterschiede. Kawasaki bot auch Umrüstmöglichkeiten auf einsteigertaugliche 26 oder 34 PS an. 1992 gab es erste Modellmodifikationen wie einstellbare Dämpfung hinten, 1997 erfolgte die Einführung des Sekundärluftsystems KCA (Kawasaki Clean Air System).

Modell:	ZXR 400 (ZX 400 L)
1. Modelljahr:	1991
Preis:	13 155,– DM
Motor:	4-Zylinder-Reihenmotor, Viertakt, flüssigkeitsgekühlt
Leistung:	65 PS/48 kW bei 13000/min
max. Drehmoment:	36 Nm/3,7 mkp bei 12000/min
Ventilsteuerung:	dohc
Ventile pro Zyl.:	4
Hubraum:	398 ccm
Gemischaufb.:	4 Vergaser, Ø 32 mm
Getriebe:	6-Gang
Hinterradantrieb:	Kette
Rahmen:	Leichtmetall-Brückenrahmen
Reifen v., h.:	120/60 VR/ZR 17, 160/60 VR/ZR 17
Bremsen v., h.:	Doppelscheibe, Scheibe
Federweg v., h.:	120 mm, 120 mm
Leergewicht:	185 kg
Tankinhalt:	16 l
Höchstgeschw.:	205 km/h

Ninja ZX-7 R

Nach sieben Jahren ZXR war die Zeit reif für eine Ablösung. Ab 1996 bot Kawasaki die von Grund auf neu gestaltete ZX-7 R an, die erstmals auch hierzulande den in den USA populären Beinamen Ninja tragen durfte. Ein neues Bohrung-/Hubverhältnis von 73 x 44,7 Millmetern sollte für noch mehr Drehfreude und Standfestigkeit bei hohen Drehzahlen sorgen. Das neue Double-Ram-Air-System hauchte der Airbox bei hohen Geschwindigkeiten (Stau-) Druck ein, den die vier Keihin-Gleichdruckvergaser wirkungsvoll weiterverarbeiteten und so dem Motor mehr Leistung entlockten.

Ab 1997 verbessert durch einen neuen Thermostat (öffnet bei 82 statt 60 Grad Wassertemperatur), gab es die ZX-7R ab 1999 offiziell mit offener Leistung.

Modell:	Ninja ZX-7 R (ZX 750 N, Ausf. P)
1. Modelljahr:	1996
Preis:	18 990,– DM
Motor:	4-Zylinder-Reihenmotor, Viertakt, flüssigkeitsgekühlt
Leistung:	98/122 PS/72/90 kW bei 11500/12000/min
max. Drehmoment:	74 Nm/7,5 mkp bei 6800/min
Ventilsteuerung:	dohc
Ventile pro Zyl.:	4
Hubraum:	748 ccm
Gemischaufb.:	4 Vergaser, Ø 38 mm
Getriebe:	6-Gang
Hinterradantrieb:	Kette
Rahmen:	Leichtmetall-Brückenrahmen
Reifen v., h.:	120/70 ZR 17, 190/50 ZR 17
Bremsen v., h.:	Doppelscheibe, Scheibe
Federweg v., h.:	120 mm, 130 mm
Leergewicht:	232 kg
Tankinhalt:	18 l
Höchstgeschw.:	246 km/h

Ninja ZX-7 RR

Mit der ZX-7 RR stellte Kawasaki 1996 parallel zur Basis-7er das Homologationsmotorrad zur Superbike-WM vor. Wichtigste Unterschiede zum Basismotor sind die leistungsfördernden 41-Millimeter-Flachschiebervergaser von Keihin, die den Motor messerscharf ansprechen lassen, und ein enger gestuftes Getriebe mit langem ersten Gang. Das Fahrwerk wurde mit einer variablen Schwingenlagerung zur Anpassung der Geometriedaten auf die jeweilige Rennstrecke sowie zusätzlichen Knotenblechen ausgestattet. Obligatorisch war die Solositzbank.

Modell:	Ninja ZX-7 RR (ZX 750 N, Ausf. N)
1. Modelljahr:	1996
Preis:	25 990,– DM
Motor:	4-Zylinder-Reihenmotor, Viertakt, flüssigkeitsgekühlt
Leistung:	98/120/122 PS/72/88/90 kW bei 11500/12000/min
max. Drehmoment:	73 Nm/7,4 mkp bei 7000/min
Ventilsteuerung:	dohc
Ventile pro Zyl.:	4
Hubraum:	748 ccm
Gemischaufb.:	4 Vergaser, Ø 41 mm
Getriebe:	6-Gang
Hinterradantrieb:	Kette
Rahmen:	Leichtmetall-Brückenrahmen
Reifen v., h.:	120/70 ZR 17, 190/50 ZR 17
Bremsen v., h.:	Doppelscheibe, Scheibe
Federweg v., h.:	120 mm, 130 mm
Leergewicht:	229 kg
Tankinhalt:	18 l
Höchstgeschw.:	250 km/h
Anmerkungen:	Ab 1999 Leistung offiziell 122 PS.

Ninja ZX-6 R

Lange Zeit mussten Kawa-Fans auf eine supersportliche 600er warten. Mit der Ninja ZX-6 R stellte Kawasaki 1995 dann aber als erster Hersteller eine 600er mit Leichtmetallrahmen auf die Räder. Das kompakte, handliche Motorrad besaß überdies sehr gut ansprechende Bremsen sowie einen Motor mit hervorragender Leistungsausbeute und tollem Sound. 1996 kam das Modell F 2 mit verstärktem Fahrwerk, das vor allem der Kritik am Vorderradflattern beim scharfen Bremsen gerecht werden sollte. 1997 erhielt die Sechser eine neue Vergaserabstimmung mit angepasster Zündkurve.

Modell:	Ninja ZX-6 R (ZX 600 F 1/F 2/F 3)
1. Modelljahr:	1995
Preis:	16 260,– DM
Motor:	4-Zylinder-Reihenmotor, Viertakt, flüssigkeitsgekühlt
Leistung:	98 PS/72 kW bei 12500/min
max. Drehmoment:	64 Nm/6,5 mkp bei 10000/min
Ventilsteuerung:	dohc
Ventile pro Zyl.:	4
Hubraum:	599 ccm
Gemischaufb.:	4 Vergaser, Ø 36 mm
Getriebe:	6-Gang
Hinterradantrieb:	Kette
Rahmen:	Leichtmetall-Brückenrahmen
Reifen v., h.:	120/60 ZR 17, 160/60 ZR 17
Bremsen v., h.:	Doppelscheibe, Scheibe
Federweg v., h.:	120 mm, 137 mm
Leergewicht:	206 kg
Tankinhalt:	18 l
Höchstgeschw.:	245 km/h
Anmerkungen:	Ram-Air-System.

Ninja ZX-9 R

Nach der 900 Z 1 von 1973 und der GPZ 900 R von 1984 verkaufte Kawasaki ab 1994 wieder eine Top-900er mit supersportlichen Anlagen. Die Ninja ZX-9 R besaß einen technisch auf der ZXR 750 basierenden Vierzylindermotor mit zwei Millimeter größerer Bohrung und sechs Millimetern mehr Hub. 899 Kubikzentimeter Hubraum und satte 139 PS Leistung (in Deutschland 98 PS) waren das Ergebnis. Ein Ram-Air-System führte der Airbox kühle Frischluft zu und sorgte bei hohem Tempo für leistungsfördernden Staudruck. Offen rannte die Neuner 270 km/h, die Sechskolbenzangen vorn waren also angebracht. Ab 1995 kam die B 2 mit geändertem Gasschieber, Bedüsung und Zündkennung sowie leiserem Auspuff. Ab 1997 erhielt das Modell B 3 eine andere Vergaserabstimmung.

Modell:	Ninja ZX-9 R (ZX 900 B 1/B 2/B 3)
1. Modelljahr:	1994
Preis:	19 990,– DM
Motor:	4-Zylinder-Reihenmotor, Viertakt, flüssigkeitsgekühlt
Leistung:	98 PS/72 kW bei 10000/min
max. Drehmoment:	77 Nm/7,9 mkp bei 7000/min
Ventilsteuerung:	dohc
Ventile pro Zyl.:	4
Hubraum:	899 ccm
Gemischaufb.:	4 Vergaser, Ø 40 mm
Getriebe:	6-Gang
Hinterradantrieb:	Kette
Rahmen:	Leichtmetall-Brückenrahmen
Reifen v., h.:	120/70 ZR 17, 180/55 ZR 17
Bremsen v., h.:	Doppelscheibe, Scheibe
Federweg v., h.:	110 mm, 145 mm
Leergewicht:	243 kg
Tankinhalt:	20 l
Höchstgeschw.:	242 km/h

Ninja ZX-6 R

Auch wenn das Bohrung-/Hubverhältnis der neuen Ninja ZX-6 R mit 66 x 43,8 Millimetern unverändert blieb, ließen die Ingenieure sonst keinen Stein auf dem anderen. Neue Semi-Fallstromvergaser mit Drosselklappensensor, nun von Mikuni statt Keihin, steifere Kurbelwelle mit stärkerem Lichtmaschinenkonus, leichtere, kompaktere Lichtmaschine, leichterer E-Starter, Edelstahlauspuff mit Leichtmetall-Endtopf, leistungsfähigere Ölpumpe, neue Ölversorgung für den Zylinderkopf, Motordeckel aus Magnesium und kürzerer Radstand (1400 statt 1415 Millimeter) waren nur einige Modifikationen.

Modell:	Ninja ZX-6 R/Kat (ZX 600 G 1/H 1)
1. Modelljahr:	1998
Preis:	16 490,– DM
Motor:	4-Zylinder-Reihenmotor, Viertakt, flüssigkeitsgekühlt
Leistung:	98/108/107 PS/ 72/79,4/78,6 kW bei 12500/12000/min
max. Drehmoment:	62 Nm/6,3 mkp bei 10000/min (98 PS)
Ventilsteuerung:	dohc
Ventile pro Zyl.:	4
Hubraum:	599 ccm
Gemischaufb.:	4 Vergaser, Ø 36 mm
Getriebe:	6-Gang
Hinterradantrieb:	Kette
Rahmen:	Leichtmetall-Brückenrahmen
Reifen v., h.:	120/60 ZR 17, 170/60 ZR 17
Bremsen v., h.:	Doppelscheibe, Scheibe
Federweg v., h.:	120 mm, 135 mm
Leergewicht:	200/201 kg
Tankinhalt:	18 l
Höchstgeschw.:	245 km/h
Anmerkungen	Ab 1999 offene Leistung.

Ninja ZX-9 R

Fürs Modelljahr 1998 brachte Kawasaki eine komplett neue Ninja ZX-9 R. Von 243 blieben nur 209 Kilogramm vollgetankt (211 kg mit U-Kat) übrig. Gleichzeitig steigerte man die Leistung von 139 auf 143 PS (141 PS mit U-Kat). Der Motor wartete mit einem neuen Bohrung-/Hubverhältnis von 75 x 50,9 Millimeter (altes Modell: 73 x 53,7 mm) auf. Bereits in der Saison 1998 überarbeitete Kawasaki den Kupplungsausrückmechanismus. Ab Modelljahr 1999 hatte die Neuner eine dickere Rahmenwandstärke im Lenkkopfbereich, eine überarbeitete Telegabel, ein neues Federbein und eine andere Bereifung (Michelin TX 15/25).

Modell:	Ninja ZX-9 R/U-Kat (ZX 900 C, Ausf. C und D)
1. Modelljahr:	1998
Preis:	20 690,–/20 990,– DM
Motor:	4-Zylinder-Reihenmotor, Viertakt, flüssigkeitsgekühlt
Leistung:	98/143/141 PS/72/105/104 kW bei 11000/11500/11000/min
max. Drehmoment:	83 Nm/8,5 mkp bei 6000/min (98-PS-Version)
Ventilsteuerung:	dohc
Ventile pro Zyl.:	4
Hubraum:	899 ccm
Gemischaufb.:	4 Vergaser, Ø 40 mm
Getriebe:	6-Gang
Hinterradantrieb:	Kette
Rahmen:	Leichtmetall-Brückenrahmen
Reifen v., h.:	120/70 ZR 17, 180/55 ZR 17
Bremsen v., h.:	Doppelscheibe, Scheibe
Federweg v., h.:	120 mm, 130 mm
Leergewicht:	209/211 kg
Tankinhalt:	19 l
Höchstgeschw.:	245/270 km/h

Ninja ZX-6 R

Die Sechser kommt 2000 mit neuer Verkleidungsfront und neuem Scheinwerfer, die Öffnung fürs Ram-Air-System fällt größer aus. Der Motor wurde in vielen Details überarbeitet. Magnesiumteile, ein galvanisch beschichteter Zylinderblock und erleichterte Bausteine sparen vier Kilogramm Gewicht. Am Fahrwerk änderte Kawasaki Rahmengeometrie, die Abstimmung der Federelemente sowie die Dimension des Vorderradreifens. Die Bremsen mit Sechskolben-Festsätteln vorn zeigen mehr Biss als beim Vorgängermodell. Ab 2002 pfeifen die Grünen auf das Limit von 600 Kubikzentimetern und erhöhen den Hubraum auf exakt 636 Kubikzentimeter. Das verhilft das der Ninja zu mehr Drehmoment und Spitzenleistung. Gleichzeitig erfuhr die Vorderradgabel eine Überarbeitung.

Modell:	Ninja ZX-6 R (ZX600 J1H/ZX636-A1H)
1. Modelljahr:	2000/2002
Preis:	17990 DM/9195 EUR
Motor:	4-Zylinder-Reihenmotor, Viertakt, flüssigkeitsgekühlt
Leistung:	111/113 PS/82/83 kW bei 12500/min
max. Drehmoment:	66/71 Nm/6,7/7,2 mkp bei 10000/9800/min
Ventilsteuerung:	dohc
Ventile pro Zyl.:	4
Hubraum:	599/636 ccm
Gemischaufb.:	4 Vergaser, Ø 36 mm
Getriebe:	6-Gang
Hinterradantrieb:	Kette
Rahmen:	Leichtmetall-Brückenrahmen
Reifen v., h.:	120/65 ZR 17, 180/55 ZR 17
Bremsen v., h.:	Doppelscheibe, Scheibe
Federweg v., h.:	120 mm, 135 mm
Leergewicht:	197/200 kg
Tankinhalt:	18 l
Höchstgeschw.:	258/260 km/h

Ninja ZX-9 R

Gab es erst für 1999 einen Rahmen mit dickerer Wandstärke im Lenkkopfbereich, eine überarbeitete Telegabel mit weiterem Einstellbereich und ein Federbein mit höherer Federrate, so kommt für 2000 ein versteifter Lenkkopf, ein längerer Nachlauf und eine Überarbeitung der Federelemente hinzu. Am Motor werden Luftführung, Einlasskanäle, Steuerzeiten, Nockenwellen, Zylinder, Kolben und Getriebe geändert. Hinzu kommen verbesserte Bremsen, eine breitere Hinterradfelge und ein höhenverstellbares Federbein. Allerdings neigt die Neuner beim harten Anbremsen von Kurven vorn zum Flattern. Nach herber Kritik am Fahrwerk erhält die Neuner einen steiferen Rahmen mit geänderter Motoraufhängung sowie eine stabilere Schwinge mit Oberzug. Zudem überarbeiteten die Techniker die Telegabel. Auch vor dem Motor machten die Kawasaki-Ingenieure bei der Überarbeitung nicht halt und verpassten ihm 20 Prozent mehr Schwungmasse an der Kurbelwelle sowie eine geänderte Vergaserabstimmung. An der Doppelscheibenbremse vorn kommen nun Vier- statt der bislang verwendeten Sechskolben-Festsattelzangen zum Einsatz – fast gleiche Bremsleistung, aber weniger Gewicht.

Modell:	Ninja ZX-9 R (ZX900 E1H/F1H)
1. Modelljahr:	2000/2002
Preis:	22490 DM/11595 EUR
Motor:	4-Zylinder-Reihenmotor, Viertakt, flüssigkeitsgekühlt
Leistung:	143 PS/105 kW bei 11000/min
max. Drehmoment:	101/100 Nm/10,3/10,2 mkp bei 9200/min
Ventilsteuerung:	dohc
Ventile pro Zyl.:	4
Hubraum:	899 ccm
Gemischaufb.:	4 Vergaser, Ø 40 mm
Getriebe:	6-Gang
Hinterradantrieb:	Kette
Rahmen:	Leichtmetall-Brückenrahmen
Reifen v., h.:	120/70 ZR 17, 190/50 ZR 17
Bremsen v., h.:	Doppelscheibe, Scheibe
Federweg v., h.:	120 mm, 135 mm
Leergewicht:	211/214 kg
Tankinhalt:	19 l
Höchstgeschw.:	276 km/h
Anmerkungen:	Modifikationen in 2000 und 2002

Ninja ZX-12 R

Die ZX-12 R ist als Konkurrentin zur Suzuki Hayabusa gedacht. Das Triebwerk ist kurzhubig ausgelegt. Die Brennräume vertrauen auf konkave Kolbenböden und steil gestellte Ventile. Zylinder und Motorgehäuse sind aus einem Block gegossen, die Laufflächen der Leichtmetallzylinder mit einer reibungsarmen Beschichtung versehen. Die Airbox ist Teil des Rahmenkonzepts und besteht aus einem Monocoque-Gussteil, das vom Lenkkopf zur Schwingenlagerung reicht. Der Tank befindet sich im hinteren Teil der Monocoque-Abdeckung und unter der Sitzbank. Mehr als 140 Änderungen gibt es an der Zwölfer schließlich für 2002. Vordringlichstes Ziel ist, das Fahrverhalten zu verbessern. Daher fällt der Lenkkopf mit 65 Grad flacher aus, Nachlauf und Gabelbrückenversatz werden ebenfalls geändert. Der Schwingendrehpunkt liegt nun zwei Millimeter weiter unten, die Schwinge ist leichter. Hinzu kommen ein modifizierter Rahmen und eine stufenlos einstellbare Dämpfung an den Federelementen. Weitere Neuheiten: um 30 Prozent größerer Ram-Air-Einlass, strapazierfähigere Kupplung, Kurbelwelle mit mehr Schwungmasse, höhere Verkleidungsscheibe.

Modell:	Ninja ZX-12 R (ZX1200 A1H/B1H)
1. Modelljahr:	2000/2002
Preis:	25990 DM/13595 EUR
Motor:	4-Zylinder-Reihenmotor, Viertakt, flüssigkeitsgekühlt
Leistung:	178 PS/131 kW bei 10500/min
max. Drehmoment:	134 Nm/13,7 mkp bei 7500/min
Ventilsteuerung:	dohc
Ventile pro Zyl.:	4
Hubraum:	1199 ccm
Gemischaufb.:	Einspritzanlage
Getriebe:	6-Gang
Hinterradantrieb:	Kette
Rahmen:	Leichtmetallguss-Monocoque-Brückenrahmen
Reifen v., h.:	120/70 ZR 17, 200/50 ZR 17
Bremsen v., h.:	Doppelscheibe, Scheibe
Federweg v., h.:	120 mm, 140 mm
Leergewicht:	243/246 kg
Tankinhalt:	20/19 l
Höchstgeschw.:	308/298 km/h
Anmerkungen:	Die neue Hayabusa-Jägerin, mit Ram-Air.

Ninja ZX-6 R (636)

Das neue Design mit spitzer Verkleidungsnase und angehobenem, zierlichen Heck ist dem neuen MotoGP-Renner der Marke, der ZX-RR, entlehnt. Der Motor wurde komplett neu konstruiert. Die Motorbefestigung wanderte von der Zylinderrückseite auf die Vorderseite des Zylinderkopfes, um die Steifigkeit des Fahrwerks zu erhöhen. Enge Ventilwinkel (25 Grad) ermöglichen einen kompakten Brennraum. Die Ventilschäfte fielen um 10 Millimeter kürzer aus. Leichtere Einlassventilfedern sowie Tassenstößel sparen Gewicht. Die schärfere Nockenwelle steigert die Leistung im oberen Drehzahlbereich. Auch mit 34 oder 98 PS (25 oder 72 kW) lieferbar, war dies der erste 600er-Supersportler mit Upside-down-Gabel und Radial-Vierkolbenzangen vorn.

Modell:	Ninja ZX-6 R (ZX636-B1)
1. Modelljahr:	2003
Preis:	9640,- EUR
Motor:	4-Zylinder-Reihenmotor, Viertakt, flüssigkeitsgekühlt
Leistung:	118 PS/87 kW bei 13000/min
max. Drehmoment:	67 Nm/6,8 mkp bei 11000/min
Ventilsteuerung:	dohc
Ventile pro Zyl.:	4
Hubraum:	636 ccm
Gemischaufb.:	Einspritzanlage, Ø 38 mm
Getriebe:	6-Gang
Hinterradantrieb:	Kette
Rahmen:	Leichtmetall-Brückenrahmen
Reifen v., h.:	120/65 ZR 17, 180/55 ZR 17
Bremsen v., h.:	Doppelscheibe, Scheibe
Federweg v., h.:	120 mm, 135 mm
Leergewicht:	186 kg
Tankinhalt:	18 l
Höchstgeschw.:	260 km/h

Ninja ZX-6 RR

Die ZX-6 RR ist extrem kurzhubig ausgelegt (67 x 42,4 Millimeter), was ihr zu mehr Leistungsreserven bei hohen Drehzahlen verhilft. Geschmiedete Kolben mit drei Ringen, eine feingewuchtete Kurbelwelle sowie eine Anti-Hopping-Kupplung gegen Hinterradstempeln beim harten Runterschalten machen die Doppel-R fit für die Rennstrecke. Eine Einspritzanlage mit Sekundär-Drosselklappen sorgt für eine weiche, lineare Leistungsentfaltung. Kawasaki bietet auch einen Racing-Kit an. Beim Fahrwerk vertraut die RR auf einen variierbaren Schwingendrehpunkt und einen Rahmenanguss für einen Lenkungsdämpfer. Bei der Doppel-R handelt es sich um die Homologationsmaschine für die Supersport-Rennklasse, mit U-Kat.

Modell:	Ninja ZX-6 RR (ZX600-K1)
1. Modelljahr:	2003
Preis:	10190,- EUR
Motor:	4-Zylinder-Reihenmotor, Viertakt, flüssigkeitsgekühlt
Leistung:	113 PS/83 kW bei 13200/min
max. Drehmoment:	64,4 Nm/6,6 mkp bei 12000/min
Ventilsteuerung:	dohc
Ventile pro Zyl.:	4
Hubraum:	599 ccm
Gemischaufb.:	Einspritzanlage, Ø 38 mm
Getriebe:	6-Gang
Hinterradantrieb:	Kette
Rahmen:	Leichtmetall-Brückenrahmen
Reifen v., h.:	120/65 ZR 17, 180/55 ZR 17
Bremsen v., h.:	Doppelscheibe, Scheibe
Federweg v., h.:	120 mm, 135 mm
Leergewicht:	186 kg
Tankinhalt:	18 l
Höchstgeschw.:	260 km/h

Es gibt sie noch: Straßenplaner mit Herz für Motorradfahrer.

DIE WELT IST EINE KURVE.

Alle 14 Tage in MOTORRAD: viele Themen mit vielen Kurven.

▶ **Die schönsten Seiten des Motorradfahrens.**
Atemberaubende Ausblicke, die neuesten Maschinen, mitreißende Tests und Fahrberichte, Reportagen vom Sport auf und abseits der Piste, Touren und Reisen über die schönsten Straßen weltweit – alles drin, alle 14 Tage, aber nur in MOTORRAD.

MOTORRAD. Europas größte Motorrad-Zeitschrift.